남미?
페루부터
가보자!

남미? 페루부터 가보자!

초판 1쇄 인쇄 | 2023년 09월 03일
지은이 | 박태동, 양미옥
펴낸이 | 이재욱(필명:이승훈)
펴낸곳 | 해드림출판사
주　소 | 서울 영등포구 경인로82길 3-4(문래동1가 39)
센터플러스빌딩 1004호(우편07371)
전 화 | 02-2612-5552
팩 스 | 02-2688-5568
E-mail | jlee5059@hanmail.net

등록번호　제2013-000076
등록일자　2008년 9월 29일

ISBN　979-11-5634-554-1

남미? 페루부터 가보자!

박대동·양미옥 지음

페루에서의 생활과 풍경, 사람들의 살아가는 모습

해드림출판사

/머/리/말/

남미 여행! 생각만 해도 가슴 떨리는 버킷리스트 중의 하나이다. 지구 반대편을 간다는 게 그리 쉽지는 않지만, 그렇다고 못 할 건 또 뭐가 있겠는가?

저자는 2019년 초에 정보통신 자문관으로 페루에 와서 새로운 문화권에서 다양한 활동을 하며 재미있게 지내고 있다. 예전에 미국에서도 살아보고 여러 나라로 해외 출장과 여행을 다녀봤지만, 지금 페루에서 보고 느끼는 것이 훨씬 다양하다. 페루는 마추픽추 외에도 여행을 다닐 만한 곳이 아주 많고, 일상생활을 하기에도 좋기 때문에 여기를 떠나고 싶지 않을 정도이다. 작년에 그런 경험담을 엮어서 비매품으로 책을 내어 지인들에게 나눠 주었더니, 그렇게 한정적인 범위로 끝내지 말고 여러 사람이 볼 수 있도록 서점에도 내라는 충고가 여럿 있었다. 그래서 일반 독자들에게도 유용한 정보와 삶의 에너지가 되기를 바라는 마음에서, 새로운 내용들을 추가해서 정식으로 출판한다. 이 책에서는 페루에서의 생활과 풍경, 사람들의 살아가는 모습을 주로 소개하겠지만, Mambo*의 경험과 생각도 함께 얘기한다.

페루에 살면서 가장 좋은 점은 모두가 새롭다는 것이다. 사람과 언어와 환경이 완전히 다르고, 그로 인해서 지금까지와는 다른 느낌을 가질 수 있으며 사고의 폭도 넓어진다. 새롭고 다르다는 것이 때로는 불편하기도 하고 때로는 두렵기도 하지만, 그것은 받아들이기에 따라서 매우 큰 행복을 주기도 한다. 세상을 바라보고 이해하는 눈이 더 크게 열리기 때문이다.

그러므로 이 책에서는 다른 환경에 적응해 가는 방법, 다른 생각을 가지고 살아가는 경험을 함께 나누고자 한다. 따라서 부담

---

* (필명) Mambo: 예전 페루 여자배구 팀의 박만복 감독이 Mambo(맘보)라는 애칭으로 불렸고, 아직도 많은 페루 사람들의 기억에 남아 있다. 그런데 저자 성이 같은 박씨라서 그런지, 페루 사람들이 자꾸 Mambo라고 부르기에 아예 그걸로 별명으로 삼았다.

없이 책을 읽으면서, 독자들 나름대로 뭔가를 느낄 수 있고 동기부여가 되면 좋겠다. 그리하여 늘 익숙하고 편한 현실에 안주하기보다는, 새로운 것을 두려워하기보다는 그것에 도전하며 즐겨 보자고 제안한다.

이 책에는 페루 이야기가 보다 생생하게 느껴질 수 있도록 가능한 한 사진을 많이 삽입했다. 특히 꽃이나 과일 같은 것은 열대, 아열대 식물들이기 때문에, 설명만 들어서는 이해가 쉽지 않고 실감하기도 어렵기 때문이다. 부디 그런 사진들로부터 저자가 이야기하는 것 이상의 메시지를 발견하고 느낄 수 있기를 바란다.

우리가 어차피 세상에 나온 바에는 여러 가지 다양한 자연환경도 보고, 다른 나라 사람들과도 함께 어울려 보기도 하고, 이미 만들어져 있는 틀에 갇히지 말고 자신의 철학을 가져 봄이 좋지 않겠는가? 그러니 자꾸 미루지 말고 과감하게 페루와 남미로의 여행을 계획하고 실천해 보기 바란다. 하지만, '내가 금수저도 아니고 한량도 아니니까 못하는 거지, 나라고 그렇게 안 하고 싶겠나?'라는 분들은, 생각의 문을 유연하게 열어 놓고 이 책을 읽으며 간접 체험을 하고 후일을 기약하면 된다.

남미 여행은 보통 페루에서 시작하기 때문에, 남미 지역으로 여행, 출장, 파견 나오시는 분이나 중장기 체류 경험을 해 보실 분은 이 책을 읽어 봄으로써 페루 및 남미에 대한 예습이 될 수 있을 것으로 생각한다. 그래서 독자들에게는 이 책이 페루에 대한 납사 보고서라고도 생각할 수도 있다.

2023년 8월

박태동, 양미옥

CONTENTS

5. 음식 문화

6. 꽃 천지, 동물 천국

7. 한국과 다른 점들

8. 빼루가 그렇게 좋아?

9. 빼루 여행 이야기

10. 남미 여행 이야기

Peru 국기

빨간색은 독립을 위해 흘린 피를, 하얀색은 평화와 용맹함을 의미하며, 정부·군·공공기관에서는 중앙에 국장이 그려져 있는 형태의 기를, 민간에서는 국장이 없는 형태의 기를 사용함

Peru 국기의 국장

맨 위에는 월계관, 그 아래의 방패에는 Perú의 상징동물인 비꾸냐(Vicuña), 약용식물 키나(Quina) 나무, 황금 동전이 쏟아져 나오는 풍요의 뿔, 그리고 방패 왼쪽은 승리를 상징하는 월계수 잎, 오른쪽은 영광을 상징하는 야자수 잎이 그려져 있음

1

페루는 어떤 나라지?

페루는 어디에 있나?

페루(Perú)는 남미에 속해 있으며 한국에서 볼 때 지구 반대편에 있다는 건 누구나 다 안다. 하지만 우리가 페루에 간다고 하는데 칠레 잘 다녀오라는 인사를 받았던 적이 있을 정도로, 페루와 칠레를 헷갈리는 사람들도 있다. 대부분 남미에 대한 관심도 크지 않아서, 월드컵 축구 강국인 브라질과 아르헨티나, 6.25 때 참전한 콜롬비아, 그리고 퍼주기 정책으로 경제가 파탄 난 베네수엘라 등 몇몇 나라의 이름을 아는 정도이다.

하지만 '페루'하면 곧바로 마추픽추(Machu Picchu)를 떠올리는 사람들이 적지 않다. 그리고 요즈음은 미국, 유럽, 동남아시아 여행을 넘어서 남미로 여행 가는 사

람들이 점점 많아지고 있다.

남미는 12개의 국가로 이루어져 있지만, 영국령 포클랜드 제도와 프랑스령 기아나를 포함하여 14개 국가로 세기도 한다.

페루는 남미 대륙의 서쪽에 위치해 있는데 땅덩어리가 매우 커서 남미에서는 3번째로 큰 나라이며, 한반도의 6배, 남한의 13배 면적이다. 페루는 5개국과 접경하고 있으며, 서쪽으로는 태평양 바다가 있다. 페루 북쪽에는 적도라는 뜻을 가진 나라, '에쿠아도르(Ecuador)'와 콜롬비아가 있으며, 동쪽에는 브라질과 볼리비아가 맞닿아 있고, 남쪽에는 길쭉한 나라 칠레가 접해 있다.

페루의 지리 및 기후

페루의 국토 중앙으로는 안데스산맥이 남북으로 걸쳐 있기 때문에, 그림에서 보는 바와 같이 크게 세 지역으로 나뉜다.

즉, 태평양과 접해 있는 코스타(Costa), 안데스 고산이 분포해 있는 시에라(Sierra), 아마존 열대우림이 있는 셀바(Selva)가 그것이다.

이 세 지역은 기후, 식생, 음식, 생활방식이 매우 다르기 때문에, 페루에는 볼 것도 많고 여행하기에 참 재미있는 나라이다. 그리고 국내에 중화학공업이 거의 없고, 중국 같은 이웃을 두지 않아서 미세먼지나 황사가 별로 없다.

① **코스타(해안)** 지역은 바다에 가깝기는 하지만 대부분 아열대 사막기후라서 강수량이 극히 적다. 그래서 나무도 풀도 없는 민둥산들이 많다. 그럼에도 사람이 사는 지역에는 신기하게도 물이 풍부해서 꽃과 나무들도 많다. 왜 그럴까? 비가 거의 내리지 않는 이 지역에 어떻게 물이 풍부할 수 있단 말인가? 그것은 시에라 지역(안데스산맥)에 내린 눈비가 지하수로 흘러 내려오고 바다와도 가깝기 때문이다.

가끔은 비가 오는데 사실 비라고 하기보다는 가랑비 정도이다. 언젠가 리마에서 택시를 타고 가며, '아, 비가 오네요(Hace lluvia)' 그랬더니 운전기사가 '저건 lluvia가 아니라 garúa예요![1]'

1 유비아(lluvia)=비 // 가루아(garúa)=가랑비

라며 굳이 정정해 주었다. 그래서 가랑비를 여기서는 '가루비' 라고 하는구나 라고 재미있게 해석하며 새로운 단어를 하나 배웠다. 어쨌든 비라고 해 봐야 그 정도 '가루비'라서 리마에서는 우산이 필요 없다. 여름에도 햇살은 뜨겁지만 그늘로 들어가면 바람이 시원하고 최고 기온도 28도를 넘는 경우는 드물다. 리마는 페루의 수도이므로 모든 패션도 가장 앞서 나갈 테지만, 여름에도 햇빛을 피하기 위해서 양산을 쓴 사람이 없고 모자를 쓴 사람도 별로 없다. 오히려 안데스 산악 지역에서는 전통적으로 중절모를 쓰고 다닌다.

여기서 '양산'이 나왔으니 에스빠뇰 단어 하나 공부하고 가자. 햇빛 막는 것을 보통 파라솔(parasol)이라고 하는데, 이 단어의 구성이 (para)+(sol)이다. 여기서 para는 '막다, 차단하다'라는 동사에서 나왔고, sol은 '태양'이라는 뜻이므로, 결국 '햇빛을 막는 것'이다. 페루의 기후 얘기를 하다가 뜬금없이 에스빠뇰 단어를 소개하는 이유는, 별생각 없이 써온 '파라솔'의 단어 구성이 재미있기 때문이다. 이렇게 '동사+사물'의 형식으로 도구를 표현하는 단어 구성은 한국어와도 크게 다르지 않은데, paraguas(우산), abrebotellas(병따개), sacacorchos(코르크 따개), cortauñas(손톱깎이), matamoscas(파리채) 등 많은 예가 있다.

② **시에라(안데스)** 지역은 많은 도시들이 2,300m~3,800m의 높이에 위치해 있고[2], 마추픽추도 2,430m 높이에 있다. 게다가 페루에서 가장 높은 와스까란(Huascaran) 산은 6,768m나 된다.

북한산의 백운대(836m)에 올라서기만 해도 서울 시내가 발 아래 내려다 보이고 온 세상이 내 것 같은데, 백두산, 한라산보다 훨씬 높은 곳에 도시들이 있다니 대단하지 않은가? 왜 그런

2 Cusco 3,400m, Arequipa 2,335m, Huancayo 3,259m, Puno 3,827m

높은 곳에 도시가 만들어졌을까? 그런 걸 생각해 보는 것도 여행의 맛이다.

③ **셀바(열대우림)** 지역은 흔히 아마존이라고 하며 지구의 허파라고도 불린다. 기온이 높고 습하며 강수량도 많다. 그래서 초목이 울창하게 우거져 있고, 크고 작은 여러 강물과 함께 세계에서 가장 큰 강인 아마존강이 있다. 하지만 이 지역을 여행하는데 한 가지 나쁜 점은 모기들이 많다는 것이다.

페루와 한국은 지구 반대편에 있기 때문에 밤낮이 다르고(시차 -14시간), 적도의 남쪽과 북쪽에 있기 때문에 계절이 반대이다.[3] 뿐만 아니라, 한국은 북회귀선(북위 23.5ｏ)보다도 북쪽에 있기 때문에 해가 항상 동-남-서쪽에서 보인다. 그러나 페루는

---

3 페루: 남위 0° ~18°, 서경 68° ~81° (서울: 북위 37°, 동경 127°)

남회귀선과 북회귀선 사이에 있기 때문에, 리마의 경우에 햇빛이 북쪽에서 비추는 계절이 8개월(2월 중순~10월 중순), 남쪽에서 비추는 계절이 4개월(10월 중순~2월 중순)이다. 그러므로 남향보다는 북향 집이 채광에는 더 유리하며, 이것은 태양광 발전의 경우에도 마찬가지이다.

또 하나 재미있는 것은, 남반구에서 보는 달의 모양이 북반구와 다르다는 것이다. 아마 남미는 아니더라도 혹시 호주나 뉴질랜드를 여행해 본 사람들은 그런 걸 경험했을 것이다. 중학교 과학시간에 초승달-보름달-그믐달의 변화 과정을 D-O-C로 외운 기억이 있는데, 남반구에서는 그 반대인 C-O-D의 모양이 되는 것이다. 남미 여행을 하면서 밤하늘에서 그런 차이를 확인하는 것도 여행의 재미를 더해 줄 것이다.

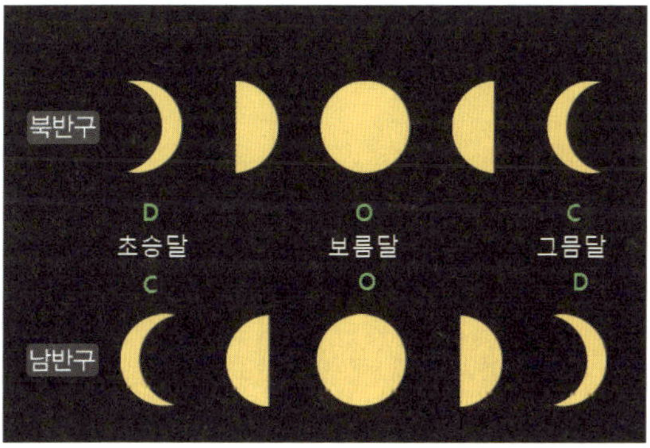

페루의 간단한 역사

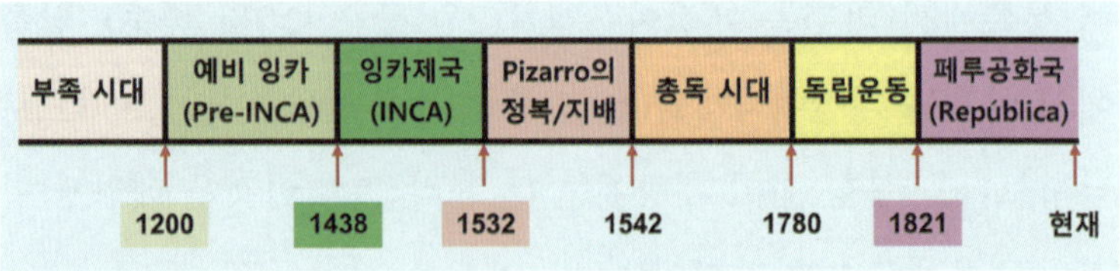

페루의 역사를 크게 나눠보면, 부족 시대 이후에 예비 잉카 시대(1200~1438), 잉카제국(1438~1532), 식민지 시대(1532~1821), 공화국 시대(1821~현재)로 나누어 볼 수 있다.

잉카(Inca)라는 단어는 통치자, 왕, 황제를 의미하며, 잉카인들은 스스로를 '태양의 아들'이라고 생각했다. 많은 사람들이 관심을 갖고 있는 예비 잉카 및 잉카제국을 통틀어서 타완틴수요(Tahuantinsuyo) 시대(1200~1532)로 부르기도 하는데, 그 의미는 '4개 지역'이라는 뜻이다. 동쪽에는 아마존, 서쪽에는 태평양, 남쪽에는 칠레 Maule 강, 북쪽에는 콜롬비아 Ancasmayo 강으로 둘러싸인 광활한 영토에 4개의 부족 국가가 있었기 때문이었다.

이 시대의 신분/계급은 크게 두 계층으로 나누어졌는데, 지배계층에는 잉카 및 왕후, 왕자와 공주, 부족장들, 고위 전사들이 속했고, 피지배 계층은 일반 백성과 정복지 백성, 하인, 노예들로 구성되었다. 교육 시스템으로는 쿠스코의 귀족 및 부족장의 자녀들을 가르치는 '지식의 집' 또는 '선민의 집'이 있었고, 하인이나 종들에게는 옷감 짜는 법과 치차(chicha) 음료 제조법 등을 가르쳤다.

생계 방편은 주로 농업과 목축업이었으며, 백성들은 공동 경작 및 협업뿐만 아니라 도로, 교량, 사원, 궁전, 요새 등을 만드는 대규모 공사에도 교대로 동원되었다. 종교는 여러 신을 숭배하는 다신교 및 우상 숭배 체제였다. '만물 창조의 신'과 '태양의 신(Inti)'이 있었고, 인티(Inti)의 부인(금성)과 딸(달)도 여신으로 인정되었다. 그리고 무지개 신, 천둥의 신, 화산의 신, 비의 신, 땅의 신, 바다 및 호수의 신, 해안 및 지진의 신들도 있었다

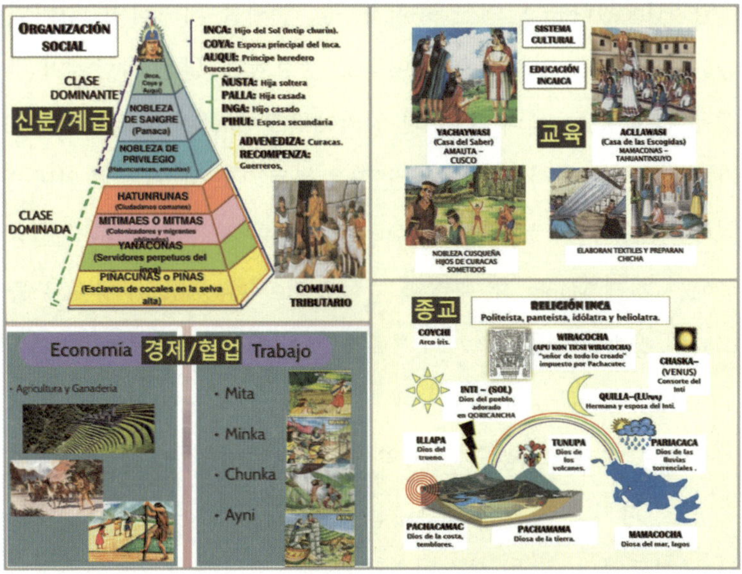

마지막으로 영토를 통합한 11대 잉카인 와이나카팍(Huayna Cápac) 시대의 잉카 문명은, 자체적인 지식 및 안데스 지역의 지식을 개발하고 다른 정복 국가의 지식을 동화함으로써, 문명 및 과학기술의 수준이 최대로 확장되었다.

전성기 이후 잉카제국은 여러 가지 문제로 인해 쇠퇴했는데, 특히 와이나카팍의 아들인 Huáscar과 Atahualpa 형제의 왕위 다툼이 있었다. 형제간의 싸움에서 Atahualpa가 1532년에 승리했지만, 때마침 프란시스코 피사로(Francisco Pizarro)의 지휘 아래 스페인 군대가 침략함으로써 잉카제국이 멸망하게 되었다.

잉카 시대에는 다음과 같은 3가지의 간단명료한 기본 규범이 있었다고 한다.

- Ama Kella (게으름 피우지 말라, "아마 께이야")
- Ama Llulla (거짓말하지 말라, "아마 유이야")
- Ama Sua (도둑질하지 말라, "아마 수아")

그리고 잉카에 대한 향수일까, 자부심일까? 페루에는 Inca Kola(음료), Inca Rail(기차), Inkafarma(약국)뿐만 아니라, Inca 또는 Inka라는 단어가 들어간 지역, 거리, 회사, 건물, 상점, 호텔, 식당들이 아주 많다.

식민지 시대 후반에는 남미 곳곳에서 독립운동이 전개되었고, 1821년 7월 28일 San Martin 장군이 페루의 독립을 선언했다. 하지만 실제로 식민지 시대가 종결된 것은 1824년에 Simon Bolivar 및 Torre Tagle 연합군이 스페인 군에 승리하고 나서야 이루어졌다. 그럼에도 불구하고, 페루에서는 2021년에 독립 200주년 행사가 곳곳에서 열렸고, 매년 7월 28일은 페루의 가장 큰 국경일이며, 5년 임기의 새 대통령이 취임하는 날이기도 하다.

남미 언어 : 에스빠뇰 español

예전에 페루 지역에서 사용되는 언어는 께추아(Quechua) 및 아이마라(Aymara) 등 원주민 언어였는데, 290년 정도의 식민지 시대 영향으로 이제는 에스빠뇰(español)이 기본 언어이다. 카스테야노(castellano)라고도 불리는 에스빠뇰 사용 인구가 82.6%로 압도적이지만, 께추아(13.9%) 및 아이마라(1.7%)도 공식 언어로 지정돼 있다. 에스빠뇰은 페루뿐만 아니라, 중남미 지역 및 멕시코에서도 사용되고 있다(브라질은 포르투갈어 사용).

여기에서 언어 표기에 대해 중요한 점 한 가지를 명확히 하고자 한다. 통상 남미에서 사용되는 기본 언어를 스페인어(Spanish)라고 하지만, 이 책에서는 '에스빠뇰'이라고 부르겠다. 그 이유는, 마치 다른 나라에서 한국어를 Korean 또는 coreano라고 부르더라도 한국에서는 그것을 '한국어'라고 하는 것과 같은 입장이다. 스페인이라는 국명도 Mambo가 어릴 때는 에스빠냐로 배웠었는데, 어느 사이엔가 스페인으로 바뀌었지만, 에스빠뇰 사용 지역에서는 당연히 에스빠냐(España)이다.

또 하나, 에스빠뇰 발음을 책에 어떻게 표기할 것인가 하는 문제를 많이 고민했다. 에스빠뇰 발음의 특징 중 하나는 격음(ㅋ,

ㅌ, ㅍ)이 없고, 그것은 모두 경음(ㄲ, ㄸ, ㅃ)으로 발음한다. 그래서 Perú도 '페루'라고 발음하지 않고 '뻬루'라고 한다.

지금부터 이 책에서는 가능하면 현지 발음을 사용한다.

즉, 이 책은 뻬루에 대한 생생한 이야기이기 때문에 외래어 표기법에 구애받지 않을 것이며, 현지 발음으로 알아 두는 것이 나중에 남미 지역을 여행할 때에도 도움이 되기 때문이다. 여태까지 '페루'라는 단어만 봐 오다가, '뻬루'라는 단어를 접하는 게 조금 어색할 수도 있지만, 생각의 방향을 유연하게 가지면 아무런 문제가 없다. 이 책이 지향하는 방향도 그러한 생각의 유연성과 확장성이다. 그럼 연습 한번 해 보자.

단어	에스빠뇰 발음	뜻/설명
Corea	꼬레아	한국
Machu Picchu	마추삑추	마추픽추
Cusco	꾸스꼬	마추삑추가 있는 도시
Arequipa	아레끼빠	뻬루 제2의 도시
costa	꼬스따	해변 지역
pan	빤	빵
taxi	딱씨	택시
portugués	뽀르뚜게스	포르투갈어

그런데 남미에서 왜 유독 브라질만 뽀르뚜게스를 사용하는 것일까? 그 이유는 에스빠냐(España)와 뽀르뚜갈(Portugal)이 한창 해군력을 키워서 해외 식민지를 만들어 가던 시절, 두 나라는 1494년 또르데시야스 조약(Tratado de Tordesillas)을 체결하여 사이좋게 세계를 나눠먹기로 했다. 그래서 에스빠냐가 점령한 중남미 대부분 국가에서는 에스빠뇰을 사용하게 되었고, 반면 뽀르뚜갈이 점령한 브라질에서는 뽀르뚜게스를 사용하게 된 것이다. 한편, 에스빠냐와 뽀르뚜갈이 유럽에서도 서로 국경을 맞대고 붙어 있는 것처럼 언어도 서로 비슷한 점이 많아서, 서로 간에는 의사소통이 큰 어려움 없이 이루어진다.

실제로 2019년에 브라질을 잠시 여행하면서 보니, '어서 오세요'라는 뜻으로

에스빠뇰: Bienvenidos

뽀르뚜게스: Bem-vindo

와 같이 단어가 매우 비슷한 것을 관찰할 수 있었다. 그래서, 에스빠뇰을 잘 배워 놓으면, 나중에 뽀르뚜게스도 쉽게 배울 수 있을 것 같다. 또한 에스빠뇰과 이태리어도 서로 간에 어느 정도는 의사소통이 된다고 한다.

2

생활 환경

앞에서 설명한 대로, 뻬루는 기후와 식생이 다양하기 때문에 지역마다 생활환경도 많이 다르다. 수도 리마의 인구는 뻬루 전체의 1/3 정도 되니 인구 집중도가 매우 높은 편이다.[4] 따라서 가능하면 일반적인 생활환경을 소개하겠지만, 대부분의 설명은 리마를 중심으로 풀어나가겠다.

집, 통신, 미디어

리마의 도심이나 부촌 지역에는 현대식 아파트나 멋진 주택들이 많이 있다. 하지만 도심을 벗어나면 허름한 벽돌 집들이 대부분이고, 언제 하게 될지도 모르는 증축을 대비해서 철근을 그대로 남겨둔 경우도 있어서 보기에는 별로 안 좋다.

숙박시설의 경우, 안데스 산악 지역에는 난방시설, 아마존 지역에는 냉방시설이 대체로 갖춰져 있지만, 일반 주거시설에는 냉난방 시설을 갖춘 곳이 별로 없다. 리마의 경우에는 연중 혹한이나 혹서가 없는 기후이기 때문에, 벽체가 그리 두껍지도 않고 2중 창이나 단열창을 설치할 필요도 없다. 또한 냉난방 시설을

4 Perú 인구 33,726천명, Lima 10,151천명, (2023.2)

갖춘 곳이 거의 없기 때문에, 겨울(7월~9월)에는 잠 잘 때 약간의 한기를 느끼기도 한다. 그러므로 겨울에 여행을 할 예정이라면 침낭이나 전기담요 등을 챙기는 것도 좋다.

리마 시내에는 산 동네들이 여기저기 보인다. 어떤 곳에는 모또 딱시(moto taxi)[5]가 올라가기도 하지만, 그런 교통수단 없이 계단만 있는 곳이 대부분이다. 뻬루살이의 초기에는 그런 모습을 보면서, 저기는 어떻게 오르내릴까? 다닥다닥 붙어 있는 저 민가들에는 식수 및 생활수 조달을 어떻게 할까? 그들의 생활수준은 어느 정도나 될까? 그런 궁금증을 가졌었는데, 이곳 생활에 익숙해지면서 그런 동네에 직접 가 보기도 했다.

5 모또 딱시: 오토바이 삼륜차, 7장 (시내교통) 참조

2022년 3월에 서울의 남산처럼 리마 시내를 내려다보며 조망할 수 있는 San Cristobal 언덕에 올라가 본 적이 있다(Mambo는 이 언덕을 리마의 '북산'이라고 부름). 그런데 북산에 올라가기 전에 산 동네를 바라다보니, 예전의 칙칙했던 모습이 확 바뀌어 있었다.

이는 산 동네를 멋지게 채색한 '무지개 프로젝트(Proyecto Arcoíris)' 덕분인데, 1,160가구가 있는 30만m^2를 채색하기 위하여 전문가, 기업, 자원봉사자, 동네주민들이 10개월 동안 작업한 것이라고 한다(2021/5/8~2022/2/8). 모또 딱시를 타고 북산에 올라가서 리마 시내 전체를 사방으로 둘러보니, Rimac 강이 서쪽으로 흘러서 바다로 들어가는 게 마치 남산에서 서울 시내를 보는 듯했다. 내려올 때는 언덕 아래에 있는 동네가 궁금해서 산 정상에서부터 계단을 걸어서 내려왔다.

동네 꼭대기에 대형 물탱크(sedapal 표시)가 있는 걸 보고 식수 조달에 대한 궁금증이 풀렸다. 마을은 벽뿐만 아니라 계단까지 채색이 되어 있어서 한층 밝고 깨끗해 보였다. 골목에서 뛰어노는 아이들의 모습도 활기가 넘쳐서 보기 좋았다.

인터넷 환경은 그럭저럭 괜찮지만, 아직도 동축(coaxial) 케이블 망이 대부분이며, 최근 들어서 광케이블 망으로 진화하고 있다. 가정용 인터넷 속도는 30~150Mbps로 제공되며 선택한 상품(속도)에 따라 요금이 달라진다(100Mbps의 경우 월 96솔, 약 3.2만원). 가정용으로는 한국처럼 인터넷+케이블 TV+집 전화 3종 세트를 많이 쓰고, 이동통신용으로는 선불제 및 후불제가 있다. 단기 여행 시 혹시 뻬루 유심 칩이 필요한 경우의 정보는 9장에 설명되어 있다.

가끔 여기저기에 위성 안테나도 보이지만, TV는 주로 통신사 상품에 포함된 케이블 TV를 이용한다. 채널은 한국처럼 뉴스, 드라마, 영화, 스포츠, 교양, 다큐, 음악, 어린이, 성인방송 등 다양하다. TV 말고도 뉴스나 생활정보는 일간 신문뿐만 아니라 인터넷 신문, 그리고 길거리 전단에서 얻을 수 있고, 그 외에 업무용으로는 이메일, 일상생활 SNS로는 왓스압(WhatsApp)을 주로 사용한다. WhatsApp은 2009년에 서비스를 시작해서 2014년에 페이스북에 인수되었다고 하는데, 앱 이름은 영어 표현인 What's up?(무슨 일 있어?)에서 따 온 것이다.

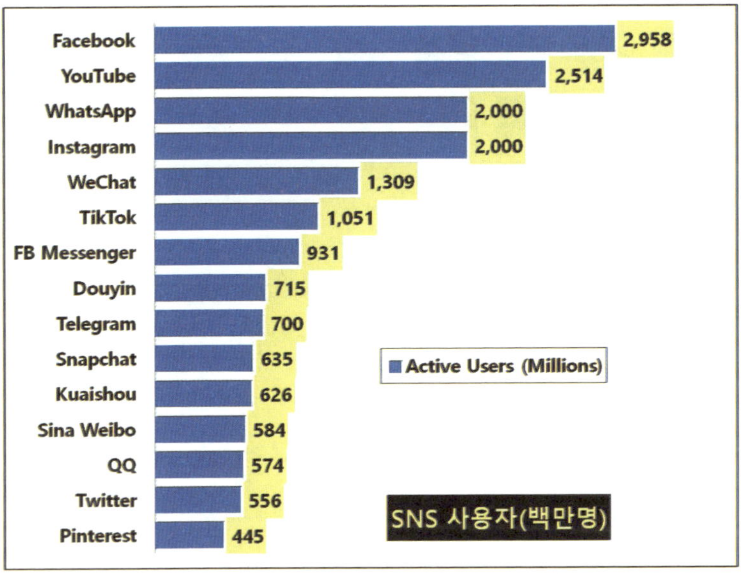

세계에서 많이 사용되는 SNS의 순위는 Facebook, Youtube, WhatsApp, Instagram, WeChat이라고 한다. 그런데 Facebook이나 Youtube는 게시물을 올리고 구독자가 댓글을 올리는 형식이므로, 카톡처럼 개인 또는 단체 대화를 하는 SNS로는 WhatsApp의 사용자가 가장 많은 셈이다(20억 명).

Mambo는 뻬루에서 인터넷 라디오를 자주 듣는데, 지방 방송까지 합치면 수백 개의 라디오 채널이 있다.

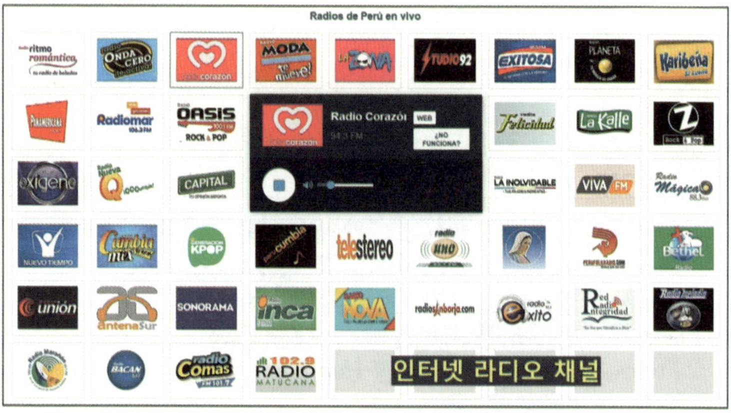

라디오에서 흘러나오는 노래를 듣다가, 괜찮은 게 있으면 스마트폰 앱으로 제목을 확인한 후 유튜브에서 노래를 다운로드 받는다. 아울러 가사도 다운받아서 무슨 내용인지 공부한 후에, 다시 노래를 들으며 흥얼흥얼 따라 한다. 그렇게 하면 노래도 훨씬 잘 들리고 에스빠뇰 공부도 되어서 좋다. 라디오에서 듣는 음악의 장르로는 발라다(balada) 외에, 꿈비아(cumbia), 쑴바(zumba), 띵꾸스(Tinkus), 바차따(bachata) 음악 등이 있다.

보안, 경비원, 철책

뻬루의 생활환경이 대체로 좋은 편이지만, 몇 가지 불편한 점들도 있다. 그중의 하나는 보안이나 경비가 너무 불편할 정도로 심하다는 것이다. 물론 여러 가지 여건과 사정 때문에 그렇게 되었겠지만, 도처에 설치된 그 많은 철책과 자물통은 다른 나라에서 별로 보지 못했던 풍경이다.

또한 공공건물이나 빌딩에서는 물론이고 웬만한 건물에서도 경비들이 일일이 출입자를 확인한다(사진 ①). 여러 건물을 가지고 있는 기관이나 대학교 같은 곳에서는 정문에서 신분을 확인하고, 각 건물에서 또다시 확인한다. 그러니 여기저기 다니다가 근처의 대학교 캠퍼스를 구경하는 것도 쉽지 않다. 하물며 아파트에서도 경비들이 출입을 통제하며, 부잣집 동네의 경우에는 길가에 경비원 초소가 있는 곳이 많다(②). 구청에서도 나름대로 주택가에 초소를 마련해 놓았다.

단독주택들도 단지를 이루어서 철책을 치고 경비원이 차량출입을 통제하는 곳이 있어서(③), 거주자들이나 방문자들은 아무데로나 드나드는 게 아니고 미리 정해진 출입구를 이용해야 한다. 철책이 없는 곳의 골목길에는 차량통행을 제한하는 차단기가 여기저기에 있기도 하다(④). 그런 주택 단지나 골목 차단기 등이 시내 전체에 모두 있는 건 아니지만, 누가 그런 결정을 하고 디자인을 했는지 모르겠다. 그렇게 하지 않더라도 어차피 집집마다 또 철책을 치고 자체 보안을 하고 있는데 말이다.

하물며 일부 공원에도 철책을 쳐 놓았거나 자물통으로 잠가 놓은 곳이 많으며(⑤), 야간에는 아예 공원을 폐쇄하는 곳도 있다. 조그만 구멍가게들도 그렇게 철망을 설치한 곳이 많고, 일반 주택에 드나드는데도 열쇠가 3개 정도는 기본이다(어떤 곳은 엘리베이터 열쇠까지 필요). 꾸스꼬에 갔을 때는 자물통이 5~6개 붙어 있는 가게 문을 보고 참 이상하다는 생각이 들었다(⑥). 황금 창고도 아니고 전통 옷을 제작, 판매, 대여하는 가게인데 그걸 그렇게 철저하게 잠글 필요가 있을까?

왜 그렇게 되었을까? 어떤 사람들은 베네수엘라가 거의 망하면서 먹고살기 힘들어지자, 그 국민들이 이웃 국가로 탈출하고, 그래서 많은 사람들이 뻬루로 들어와서 치안이 불안해졌다고 얘기한다. 2022년 기준으로 뻬루에 거주하는 베네수엘라 사람들의 숫자는 150만명이 넘고, 꼴롬비아(Colombia) 다음으로 많다고 한다. 그러나 베네수엘라인들이 뻬루에 몰려들기 시작한 것은 2016년 이후이므로, 보안 및 경비가 엄한 것은 그것 때문이 아니고, 그 이전부터 이미 깊게 뿌리내리고 있었다고 생각된다. 혹시 에스빠냐에 의한 식민지 시대의 유물일까? 어쨌든 남을 못 믿는 경계심이 원인이겠고 그걸 무조건 나쁘다고 할 수는 없지만 좀 심한 것 같다. 어쨌든, 예전에는 철문, 철창, 자물통, 열쇠 관련 사업이 돈 좀 벌었을 것 같다는 생각이 들었다.

공원 Parque

비교적 생활수준이 높은 구(distrito)에는 크고 작은 공원들이 집 주변과 산책길에 있기 때문에, 공원이 중요한 생활공간이 되고 있다. 공원의 상태나 관리는 해당 지역의 수준에 따라서 다르긴 하나, 우리가 사는 지역의 공원들은 관리가 아주 잘 되고 있다. 공원에는 꽃과 새들도 많고 풍경이 좋아서 인근 주민들의 휴식처 및 애들의 놀이터로서 잘 활용되고 있다.

어느 날 동네 공원을 산책하다가, 고물차를 개조해서 거기에 화분을 여러 개 올려 놓은 것을 보았다. 자동차 앞뒤에 구멍을 뚫어서 화분을 진열해 놓은 모습을 보니 아이디어가 참 기발했다. 뻬루에는 골목마다, 하물며 집안에도 운행하지 않는 고물차들이 많이 있다. 그것을 방치해 두기보다는 이렇게 개조해서 꽃마차를 만들어 놓으니, 꽃을 보는 즐거움에 참신한 아이디어까지 느끼는 재미가 더해졌다. 한국에서도 이런 모습을 볼 수 있을까?

리마 바닷가에 나가 보면, 해변 위 언덕에 공원이 계속 이어져 있다. 꽃과 나무들로 조경을 잘 해 놓았고 관리도 잘 되고 있어서, 보기도 좋고 산책하기에도 참 좋다.

해변 쪽 공원은 조용할 때도 있지만, 어른과 아이들이 함께 공을 차며 놀기도 하고, 또 어떤 때는 아크로배틱 요가를 하는 모습도 보인다. 아이들 생일 잔치, 각종 모임 및 이벤트, 임시 장터가 열리기도 한다.

저녁 무렵에 바닷가에 나가면, 태평양을 붉게 물들이며 서쪽 하늘 아래로 떨어지는 멋진 석양을 감상할 수 있다.

그런데 가족, 친구들이 함께 모여서 아이들 생일을 축하해 주는 것은 흔히 보는 일이지만, 개 생일을 위해서 케이크와 현수막까지 준비하고 기념사진을 찍으며 법석 떠는 모습을 보며, 문화의 다름에 저절로 웃음이 나왔다. 임산부도 기념사진을 찍으러 나오는 경우가 있어서 눈길을 끌었다.

빼루 사람들은 잔디밭에 잘 앉고 잘 드러눕는다. 한국에서도 예전에는 잔디밭에 그렇게 눕고 그랬는데, 언제부터인지 이제는 잔디밭에 앉으려고도 하지 않는다. 아마도 그것은 쯔쯔가무시 병에 대한 경고를 듣기 시작하면서부터 그렇게 된 것 같다. 그래서 빼루 사람들은 아무 거리낌 없이 잔디밭에 앉고 눕고 엎드리는데, 우리는 그렇게 하지 못한다. 자연과 함께 하는 즐거움의 일부를 빼앗긴 것이라고나 할까?

위생적인 생활을 하는 것은 당연히 바람직하지만, 그것에 대해 너무 신경을 쓰며 깔끔을 떠는 것도 우리의 작은 행복을 빼앗아 갈 수 있다는 생각이 들었다. 그러면서 수년 전 SBS에서 방영되었던 '99% 살균의 함정'이라는 다큐가 생각났는데, 아이들을 위해서는 너무 청결한 환경보다는 자연과 함께 사는 법을 가르치는 게 낫다는 내용이다.

잔디밭 위의 자유

하지만 요즘 엄마들은 아기가 뭘 좀 만져도, "에비 지지, 그거 만지면 안 돼!"라며 거의 무균돼지를 키우듯 외부와의 접촉을 막기도 하는데, 그게 과연 최선일까 하는 의문이 든다. 예전 엄마들은 논밭에 나가 일하느라고 요즘처럼 애들의 일거수 일투족을 모니터링할 여유가 없었기에, 애들은 밖에 나가서 자연 속에서 친구들하고 맘껏 놀다가 집으로 돌아가곤 했다. Mambo도 어릴 때는 코 찔찔 흘리며 흙장난도 하고, 개울에서 수영할 때 그 개울 물이 목구멍으로 넘어가기도 하고, 곤충이나 개구리 같은 것을 거리낌 없이 가지고 놀기도 했다. 그래도 아무 탈 없었고 오히려 더 강한 저항력을 갖게 된 것 같다. 또한, 벌에 쏘여 보기도 했고, 가시에 찔려보기도 했고, 손가락을 베어 보기도 했고, 달리다가 엎어져서 무릎 정갱이를 깨 보기도 했다. 그러다 보니 칼이 날카로운 줄 알고 불이 뜨거운 줄도 아는 거 아닌가?

그래서 우리가 딸, 아들을 키울 차례가 되었을 때는, 근접 경호를 하기보다는 좀 멀리 떨어져서 아이가 필요할 때 도와주는 사랑(Remote love)을 실천하려고 했다. 아울러 아이들을 일일이 간섭하고 모든 걸 챙겨주기보다는 책임이 뒤따르는 자유를 허용하곤 했다. 대신 아이들이 진정 원하는 일이나 도움의 손길을 필요로 할 때는 기꺼이 그 손을 잡아주려 노력했다. 그게 이제 와서는 아이들이 우리에게 고맙다고 말하는 부분이 되기도 한다.

3

경제생활

화폐

중남미 지역 많은 나라에서의 화폐 단위는 뻬소(Peso)이지만, 뻬루에서의 화폐 단위는 솔(Sol)이다. 물론 과거에 뻬루에서도 뻬소 단위를 사용한 적이 있는데, 그 화폐 역사를 간단히 살펴보자. 식민지 기간 동안에는 레알(Real)이라는 동전이 유통되었고, 독립 후에는 약 40년 동안 뻬소를 사용하다가, 1863년에 솔(Sol=태양)이라는 화폐 단위가 탄생했다. 그것은 1897년에 리브라(Libra)로 바뀌었다가 1931년에 황금의 태양(Sol de Oro)이라는 단위로 바뀌었다. 1985년부터 6년 동안은 인띠(Inti)라는 화폐단위가 사용되다가(Inti=태양의 신), 1991년에 비로소 Nuevo Sol(=새로운 태양)이라는 화폐 단위로 정착하게 된다(간단히 Sol이라고도 함). 그리고 뻬루 화폐를 표시하는 국제 코드는 PEN을 사용한다.

뻬루에서 가장 많이 통용되는 지폐는 10, 20, 50, 100솔짜리이고, 200솔짜리는 액면가가 커서 흔하게 사용되지 않는다. 독립 200주년 즈음해서 신권이 나왔지만 구권도 앞으로 오랫동안 사용될 것이다. 신권과 구권의 모델을 보면, 오래전의 왕이나 위인들이 아니고 비교적 최근의 인물로 대부분 국민들의 기억에 있는 사람들이다.

신권	구권

Chabuca Granda(가수)	José Quiñones(비행사, 중위)

José Arguedas(작가)	Raúl Barrenechea(외교부장관)

María Rostworowski(역사학자)	Abraham Valdelomar(작가)

Pedro Paulet(항공우주공학자)	Jorge Basadre(교육부장관)

동전은 1, 2, 5솔짜리와 10, 20, 50센티모스(centimos)짜리가 있는데, 가끔 2솔과 5솔짜리, 10센트와 20센트짜리는 모양과 색깔이 비슷해서 크기로 구분하기도 한다.

마트, 시장

전국적인 수퍼마켓으로는 PlazaVea가 있고, 대도시 위주로 Metro, Tottus, Wong 등이 곳곳에 있어서, 편리하게 일상생활용품 및 식자재를 구입할 수 있다. 리마의 경우, 백화점을 포함한 쇼핑몰이 있는 곳으로는 Jokey Plaza, La Rambla, Real Plaza, Plaza San Miguel, Larcomar 등이 있다. 그중에서 Larcomar는 Miraflores 지역의 해안절벽에 위치해 있는데, 식사를 하며 바닷가의 멋진 풍광을 즐길 수도 있고, 알빠카 전문점에서 기념품이나 선물을 살 수도 있다. 또한 Mesa Redonda, Mercado Central, Mercado de Surquillo, Gamarra 등의 재래시장은 일빈 수피마켓에 비해 비교적 저렴하게 물건들을 구입할 수 있다.

여행객들이 많이 찾는 곳 중에는, Miraflores 케네디공원 근처의 전통 수공예품(Artesanal) 매장들이 있다. 예를 들어, Indian

Market과 Inca Market에는 뻬루를 여행하면서 만나는 모든 전통 기념품들이 다 집결해 있다고 해도 과언이 아니다. 작은 야마(llama) 인형, 열쇠고리, 알빠카 또는 비꾸냐 의상, 인형, 카펫 등 없는 게 없다.

뻬루에서는 카드(tarjeta)보다 현금(efectivo)을 사용하는 경향이 크고, 마트나 식당에서도 당연히 현금을 더 환영한다. 여행자 입장에서도 한국 카드를 쓰면 불리한 환율이 적용되고 대부분의 경우에 카드 수수료까지 더해지니, 현금이 충분하다면 굳이 카드를 사용할 필요가 없다(*출금 및 환전은 9장에서 설명).

수퍼마켓에서는 계산대에서 흔히 "Boleta o factura?"라고 묻는데, 일반 영수증을 원하는지, 법인 영수증을 원하는지를 묻는 것이다. 우리는 Boleta(볼레따)라고 하면 된다. 게다가 로또의 일종인 띵까(tinka)을 살 것인지를 묻기도 하는데, 그냥 No 하면 된다. 마지막으로 영수증을 받으면 가격이 제대로 반영됐는지 꼼꼼히 확인하는 것이 좋다. 우리의 경우에도 물건의 단가가 잘못 반영되어서 다시 환불을 받은 경험이 여러 번 있다.

생활 물가

뻬루의 물가는 전반적으로 낮은 편으로 생각되지만, 리마의 경우 좋은 지역의 웬만한 집들은 한국의 중소도시의 집만큼 비싼 경우도 많다. 렌트비도 방 2개짜리(약 80~100m²) 아파트는 한국 돈 월 80만 원~100만 원을 호가하니 일반 서민들은 엄두를 내기도 힘들다. 물론 그것보다 면적도 넓고 더 좋은 새 집들은 훨씬 더 비싼 경우도 있지만, 돈 없는 서민들이 주로 사는 변두리 또는 산동네의 허름한 벽돌집들은 상대적으로 아주 싸다. 즉, 집값과 월세 수준이 천차만별인 것이다.

생활 물가를 일일이 다 소개하고 비교할 수는 없으니, 생활에 밀접한 물가를 몇 가지 소개해 본다(2023년 기준). 물론 물가는 구매 시기와 장소에 따라 차이가 많으나, 대부분 우리의 손에 들어오는 가격 또는 접근 가능한 정보를 기준으로 하였다. 다만 물가가 싼지 비싼지를 체감하려면, 한국 물가와 비교하는 게 젤 좋지만 그게 쉽지 않다. 뻬루에서의 거래 단위는 배추나 무우처럼 개수나 묶음도 있지만, 대부분은 무게(kg) 단위로 거래가 된다. 육류나 생선 등은 당연히 그렇고, 과일과 대부분의 채소들도 무게 단위로 거래된다. 그러나 한국에서는 아직도 개수 단위로 거래되는 게 많이서 가격을 비교하기가 어렵다.

음식값은 앞에서 소개한 대로, 고급 식당이나 브랜드 체인점에서는 한국에서의 음식값만큼이나 비싸고(10,000원 이상), 전망이 좋은 해변가 식당에서는 특히 비싸다. 그리고 길거리에

흔한 중국집에서는 5,000~6,000원, 시장에서 파는 음식은 약 3,000~3,500원, 학교나 회사 내의 구내식당에서는 더 저렴하다.

빼루에서는 대형마트의 물가가 일반시장보다 많이 비싸다. 처음에는 우리도 집 근처의 대형마트를 주로 이용했었지만, 이젠 대부분의 식료품, 채소, 과일, 생선 등은 일반 도매시장에서 사 온다. 그 이유는, '나는 싸게 사서 좋고, 구멍가게나 좌판 상인은 그들 물건을 팔아서 좋고……'라는 생각 때문이다. 또한 어느 나라에서나 시장은 활력이 넘치기 때문에 삶의 에너지를 충전하기에도 좋다.

쌀값은 보통 1kg에 1,000원 내외이니, 한국의 1/3~1/2 정도

되는 것 같다. 하지만 쌀 품종이 대부분 길쭉한 장립종이라서, 우리 입맛에 맞는 쌀을 찾아내느라고 여러 종류를 시식해 보기도 했다. 육류도 가격이 저렴해서 쇠고기는 5,500~8,000원/kg 정도, 돼지고기는 4,000~6,000원/kg 정도이다.

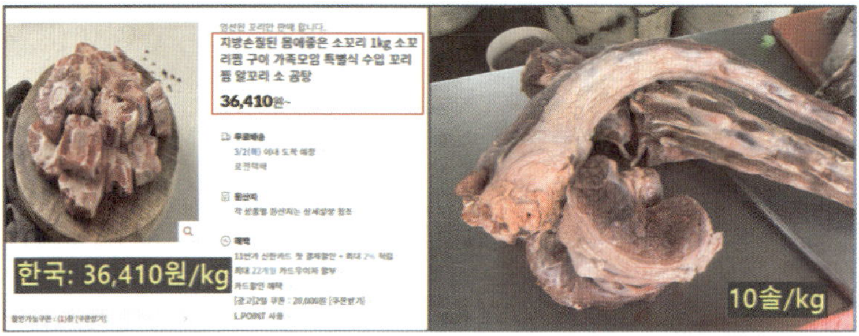

우리가 자주 사다 먹는 소꼬리 값은 큰 고깃 덩어리를 붙여서 10솔/kg 정도 하니, 한국에서의 가격이 뻬루의 9~10배는 된다. 닭고기는 1kg당 3,500원 정도이다. 물론 닭똥집이나 간, 염통 같은 부속품들은 더 싸게 팔린다.

채소 시장에 가보면 늘 좋은 물건들이 넘쳐난다. 배추, 무우, 시금치, 당근, 양파, 감자, 고추, 상추 같은 모든 것들이 한국 물

가보다 매우 싸다. 어떤 것들은 너무 싸서 물건을 고르기가 미안할 정도이다.

심지어 이런 생각이 든 적도 있다. 동네 산책을 하다 보면, 비름나물, 쑥, 냉이 같은 나물들도 많이 보이는데, 왜 뻬루 사람들은 그런 걸 반찬으로 먹지 않을까? 한국에서는 봄이 되면 비름나물, 돌나물, 냉이, 달래, 쑥, 고들빼기, 씀바귀 같은 들나물과 두릅 같은 나무의 새순으로 반찬을 해 먹는다. 새봄의 나물이 연하고 상큼한 향기가 있어서 좋기도 하지만, 예전에는 새봄에 반찬거리로 먹을 게 별로 마땅치 않으니 산으로 들로 나설 수밖에 없었다는 생각이 들었다. 그러나 뻬루에서는 먹을 게 풍부하니, 굳이 '풀'을 뜯어서 반찬을 해 먹을 필요가 없는 것이다. 그래도 우리는 무우 잎을 그냥 버리지 않고 반찬거리로 쓰며, 화단에서는 깻잎, 고구마 줄기도 따서 먹는다. 예전에 먹어 본 맛의 추억 때문일까?

요즘에는 제철이 아니더라도 어디서나 과일을 먹을 수 있다. 특히 뻬루는 땅덩어리가 크고 기후 분포가 다양해서 꽃 피고 열매 맺는 시기가 지방마다 다르기에, 제철 과일을 자급하는데 어려움이 없는 것 같다. 물론 일부 과일은 외국에서 수입되기도 하지만, 시장에는 일 년 내내 과일이 풍성하게 쌓여 있다. 대부분의 과일이 제철에는 아주 싸고 겨울에는 상대적으로 좀 비싼 편이지만, 비싼 겨울 시세도 한국보다는 훨씬 싸기 때문에 이것저것 많이 사다 먹는다. 수박은 10kg짜리 정도면 3,500원, 아주 큰 것(15kg)도 5,000원 정도 밖에 안 하는데 맛은 아주 좋다.

6장의 과일나무를 소개하는 부분에 나오는 과일들(예: 바나나, 빠빠야, 밀감, 오렌지, 빨따, 치리모야, 무화과, 루꾸마, 아구아이만또, 뚬보)도 시장과 마트에서 대량으로 진열되어 싸게 팔리고 있다. 망고는 제철에는 400~700원/kg 정도, 사과는 1,500~2,000원/kg 정도이고, 블루베리는 2,000원/kg 정도이다.

빼루산 애플망고는 한국에서도 인기 있는 과일인데, 우리 집에서는 매일 먹는 과일 중의 하나이며, 때로는 잼을 만들어 먹기도 한다. 한국에서의 망고 값과 비교를 해 본 적이 있는데, 가격 차이가 무려 40배 정도였다. 원산지 가격과 수입품 가격을 비교한 것이긴 했지만 차이가 매우 커서 놀라웠다.

어물전

어물전(생선시장)에서는 생선이나 해물의 값이 싸고 신선도가 좋아서, 이것저것 구경도 하고 그중에서 맘에 드는 것들을 몇 가지씩 사 온다. 안줏거리로 횟감(쎄비체), 문어, 오징어는 물론이고 반찬거리로 생선, 새우, 가리비 조개를 주로 사 온다. 대략적인 가격은 민어 8,000원/kg, 고등어 1,000원/kg, 병어 3,600원/kg, 문어 12,000원/kg, 새우 9,000원/kg 정도이다. 그리고 한국에서 판매되고 있는 오징어 채는 주로 뻬루산 대왕오징어(생물 500~1,000원/kg)로 만든 것이다.

그럼 생활 에너지 요금은 어떤가? 주택용 전기 요금은 사용량에 따라 다소 차이가 있지만 240원/kWh로서 한국의 2배 정도이니, 매우 비싼 가격이다. 반대로 얘기하면 한국의 전기 요금이 그동안 다른 나라보다 저렴했다고 볼 수도 있다. 참고로, 뻬루의 전기는 수력, 가스 화력, 신재생이 주된 생산방식이며, 계절에 따라 그 생산 비율이 수력:화력:신재생=70:27:3 ~ 40:55:5 정도로 변동된다(겨울철에 수력 발전량 감소). 한편, 주유소에서 파는 자동차용 휘발유(고급, 옥탄가 95)는 한국보다 약간 싸다(1,750원/리터).

교통 요금은 일반 시내버스는 350~700원 정도이고 전용 차선을 달리는 메트로뽈리따노(metropolitano) 버스는 1,000원이다. 리마에는 전철이 아직 1개 노선밖에 없고 2호선을 건설 중인데, 요금은 500원이다. 그런데, 버스-버스 또는 버스-전철 간에 환승 제도가 시행되고 있지 않기 때문에, 갈아탈 때마다 교통카드를 찍거나 현금을 따로 내야 한다. 또한 버스카드와 지하철 카드는 호환이 되지 않아 따로따로 구매해야 한다. 택시 요금은 거리에 따라 달라지는데, 일반 택시는 흥정이 가능하며, 우버(Uber)택시 또는 그와 유사한 승차 공유 택시 요금은 한국의 택시 요금보다는 훨씬 싸다(5km 기준, 뻬루 Uber 택시 3,200원, 서울 택시 7,500원).

지금까지 소개한 대표적인 물가는 그동안 찍어둔 사진과 기록을 바탕으로 작성한 것이며, 시기와 계절에 따라 등락이 있을 수 있음을 감안하면 될 것이다(환율에 따라 원화로의 환산 금액도 많이 변동).

한편, 뻬루의 금리를 살펴보면, 2020년 3월 초 뻬루 대형 은행의 정기예금 이율은 1년 만기 기준 연 2.65% 정도였다. 그런데 코로나 바이러스가 창궐하고 나서 재난기금이 풀린 탓에 금리가 많이 떨어졌었는데, 최근(2023년 1월)엔 미국의 금리 인상에 따라 이전보다 정기예금 금리가 높아졌다 (2.65%→0.29%→6.9%). 하지만, 대형은행에서는 정기예금이 아닌 입출금이 자유로운 저축예금은 요즘에도 0.25%밖에 안된다. 물론 어떤 소형 은행들에서는 저축예금의 금리가 7.25%나 되기도 한다. 은행 이자 지급일은 통상 매월 말인데, 어떤 은행은 매일매일 이자를 계산해서 지급하는 곳도 있다.

그런데 뻬루에서는 이자 소득세가 없다는 것이 특이하다. 이것은 15.4%를 떼는 한국과 큰 차이일 것이다. 은행 거래 시 세금이라고는 입출금 시(이체 포함)마다 해당 금액의 5/1000% (즉, 10만 분의 5)를 금융거래세(ITF)로 뗀다. 즉, 거래액수가 10만 솔이면 세금이 5솔, 10만 달러면 5달러라는 얘기다. 그리고 ITF는 거래액 1,000 단위를 기준으로 계산하며 자투리 금액에 대해서는 계산하지 않는다. 또한 시내에는 Kasnet이라는 간판을 단 상점들이 있어서, ATM 대신 그런 곳에서 입출금을 하기도 한다.

참고로 최근 남미 몇 나라의 금리를 보면 표와 같다. 지금은 미국의 금리 영향으로 많이 올랐지만, 조만간 다시 안정될 것으로 예상된다.

	기준 날짜	공식 은행 금리
Perú	2023/01/12	7.75%
Argentina	2023/05/15	97.00%
Brasil	2022/08/03	13.75%
Chile	2022/10/12	11.25%
Colombia	2023/05/02	13.25%

2021년 뻬루의 환율을 보면, 코로나 바이러스 및 정권교체의 영향으로 2019년보다 20% 정도 상승하였는데, 2022년부터는 다시 환율이 안정되고 있다. 뻬루에서 환율이 오르면 한국에서 돈을 가져다가 쓰는 여행객 입장에서는 좋은 상황이지만, 뻬루에서 사업을 하는 사람들은 그만큼 수입이 감소하는 것을 의미한다.

달러($) 환율	2019/11/12	2021/11/21	2023/08/21
Perú	3.36	4.02	3.72
Argentina	59.66	100.49	350.0
Brasil	4.06	5.61	4.99
Chile	742.0	829.0	867.0

앞에서 보듯이, 뻬루는 칠레와 함께 남미에서는 금리가 가장

낮은 나라이며 환율 변동도 적다. 이는 경제 상황이 상대적으로 안정적이며 물가수준도 안정적으로 유지되는 것을 의미한다.

금리와 환율이 아주 불안한 아르헨띠나의 경우를 보면, 은행 금리가 세계 최고 수준이다. 미국 달러 환율은 2015년 3월 초 8.82/USD였던 것이 2020년 3월 초에는 62.05/USD로서 5년 만에 무려 703.5%로 올랐다. 우리가 직접 체험한 바에 의하면, 아르헨띠나에 여행을 갔던 2019년 11월에 약 60 뻬소였던 환율이 2023년 8월에는 350 뻬소로서, 3년 10개월 만에 약 6배로 뛰었다(더구나 비공식 환율은 공식 환율의 2배가 넘는 725뻬소). 그러니 물가도 덩달아서 폭등하게 되는데, 이런 현상은 모두 복지기금을 충당하기 위해서 돈을 찍어대기 때문으로 생각된다. 정치적인 포퓰리즘으로 나라에 망조가 드는 것이다.

4

사람들 사는 모습

사람들 모습

빼루 사람들의 체형은 대체로 작은 편이지만, 키가 큰 사람들도 꽤 있다. 원주민의 유전 성향이 큰 경우에는 대체로 키가 작고, 유럽 인종의 피가 섞인 경우는 키가 크다. 강한 햇빛 때문인지 피부색은 약간 검은 편인데, 흑인처럼 까만 사람은 별로 많지 않다. 아가씨들은 대부분 긴 머리를 늘어뜨리고 다니며, 나이 든 여자들 역시 파마를 하기보다는 긴 머리를 묶고 다니거나 적당히 자른 모양이다.

미모의 기준은 사람마다 다르지만, 뻬루에는 미남 미녀가 많은 것 같다. 여자들은 대체로 긴 속눈썹을 가졌고, 이목구비가 뚜렷하기 때문에 이쁜 여자들이 많다. 그러나 한편으로는 엉덩이가 매우 커서 보기에 부담스러울 때도 있다. 남자들의 머리 스타일은 짧은 편이고, 간혹 빡빡머리도 있다.

옷차림에 대해서는 별로 얘기할 게 없을 정도로 크게 튀지 않고 그냥 평범한 모습이다. 안데스 산악 지역에서는 전통적인 원색 옷차림이 많지만, 리마에서는 서울과 별다름이 없다고 보면 된다. 넥타이는 공식적인 경우에만 매고, 출근할 때에는 대체로 편한 셔츠 및 블라우스 차림이다. 일상생활에서는 청바지, 반바지 차림이 많이 보이고, 여자들은 원피스를 입기도 한다.

중절모는 대부분 원주민 여성들이 쓰고 다니는데, 한껏 부풀려 입은 전통 의상에 작은 중절모를 머리 위에 얹어 놓은 듯한 그 모습은 이상하면서도 친근감을 준다. 그런데 원주민들이 쓰는 중절모의 유래를 살펴보면 다음과 같다. 19세기 말 남미의 노동자들에게 판매할 목적으로 영국에서 들여온 중절모는 너무 작아서 사용할 수 없었다. 그래서 그것이 유럽의 최신 패션이라고 광고를 했더니, 부유층의 여성들이 그 모자를 착용하기 시작했단다. 그러다가 점점 자손의 출산을 보장하는 상징으로 여겨지면서, 원주민들의 전통 복장으로 자리잡게 되었다고 한다.

우리가 어릴 때는 집집마다 대개 5명, 많은 집은 8명~10명 정도의 자녀들이 있었다. 그리고 우리가 결혼하던 1980년대 중반에는 딸 아들 둘 정도 갖는 걸 거의 모든 젊은이들이 당연하게 받아들였다. 하지만 요즘 한국에는 결혼이 늦거나 아예 안 하기도 하고, 아기는 한 명 정도 낳거나 아예 갖지 않으려고 하는 분위기이다. 어떻게 한 세대 만에 그렇게 생각이 달라졌을까? 너무 낮은 출산율로 인해 나라의 장래가 걱정이 될 정도이다. 40여 년 전에는 오히려, '딸아들 구별 말고 둘만 낳아 잘 기르자'라는 산아제한정책 구호도 있었는데……

뻬루에 와 보니 공공장소에서 자연스럽게 아기에게 젖 먹이는 모습도 보이고, 여기저기 뛰어노는 아이들도 많이 보인다. 그런

데, 어떤 집은 아이들이 5명 이상인 경우도 있고, 어떤 집은 애를 하나만 가진 집도 흔하다. 대체로 교육 수준에 따라서 다른 것 같은데, 학력 수준이 좀 높은 젊은이들은 한국과 마찬가지로 결혼이 늦거나 아기를 적게 갖는다. 그래도 한국에서보다는 주변에 아이들이 많이 보여서 참 좋고, 그들의 순진무구한 눈과 천진스러운 미소가 특히 친근감을 준다.

그런 아이들로부터도 배우는 게 있었으니, 어느 날 출근길 엘리베이터에서 학교 숙제를 들고 있는 아이를 보았다. 종이에 또박또박 쓴 글을 읽어보니 혀가 꼬였다. 아이한테도 읽어보라고 하며 에스빠뇰 한마디를 배운 적이 있다.

Tres triste tigres tragan trigo en un trigal.
뜨레스 뜨리스떼 띠그레스 뜨라간 뜨리고 엔 운 뜨리갈
(세 마리의 슬픈 호랑이가 밀밭에서 밀을 먹는다)

이 문장은 뜻이 중요한 게 아니라, 얼마나 빨리 틀리지 않고 읽을 수 있느냐 하는 일종의 게임이다. 빨리 읽으려 해도 혀가 꼬이기 때문에 잘 안되는데, 이런 걸 잰말놀이(trabalenguas, 뜨라바렝구아스)라고 한다(영어로는 tongue twister).

한국말에서도 '간장 공장 공장장은 장 공장장이고 된장 공장 공장장은 강 공장장이다', '백 법학박사님 댁 밥은 백발백중 질고 박 법학박사님 댁 밥은 백발백중 되다'라는 것들이 있듯이, 에스빠뇰에서도 그런 예가 꽤 있다. 인터넷 사이트에서 그런 예를 찾아보니, 앞의 예처럼 호랑이(tigre)가 들어가는 것, 철도(ferrocarril)라는 단어가 들어가는 것, 특정 알파벳(s, r, j)이 반복적으로 들어가는 것들이 보인다. 그리고 어린이용, 유아용 등으로 분류해 놓았고, 음성 파일까지 있다.[6] 그러나 역시 아무리 연습해도 혀만 꼬이지 잘 안된다.

성격 또는 기질

우리가 뻬루로 오게 된 이유는, 예전부터 에스빠뇰 문화권에 대한 궁금증이 있었는데, 신문 칼럼에서 'empathy'에 대한 글을 읽고 남미에 대한 관심이 더욱 커졌기 때문이다. Mambo는 empathy의 의미를 '공감, 호응'이라고 생각하는데, 그 칼럼에 따르면 에꾸아도르(Ecuador)가 가장 순위가 높고, 다음이 사우디아라비아, 그리고 뻬루가 3위라는 것이었다. 그래서 언젠가 남미로 가서 살아 봐야겠다는 생각을 했다. 그 글에서 한국은 6위라고 했는데, Mambo는 한국의 순위가 그 정도로 높은 것이 오히려 의아했

윤희영의 News English

한국은 세계 6위, 미국은 7위, 에콰도르가 1위

영어 단어 중에 'empathy'라는 것이 있다. 사전적 의미로는 '감정이입' '공감'으로 해석된다. 'compassion(연민)' 'sympathy(동정)' 'affection(애정)'과는 또 다른 connotation(함축적 의미)을 갖고 있다. 우리나라의 '정(情)'에 가까우면서도 약간의 어감 차이가 있다. 그저 그냥 그런 '인정(人情)' 쯤이랄까.

미국 미시간대학 연구팀이 'empathy'를 기준으로 국가별 순위를 따져봤다는데(determine the ranking), 한국은 6위로 나왔다. 1위는 에콰도르, 2위는 사우디아라비아, 3위는 페루, 4위 덴마크, 5위 아랍에미리트, 6위가 한국, 7위는 미국, 8위 대만, 9위 코스타리카, 10위는 쿠웨이트.

리투아니아와 같은 동유럽 국가들이었다.

이번 조사에서 그동안 인정 있고 관대한 거인(empathetic and generous giant)으로 여겨져왔던 미국과 영국이 하위권에 머무른(remain in the lower ranks) 것은 의외로 받아들여진다. 문제는 단순히 미국인·영국인의 심성이 야박해진(become cold-hearted) 것에 그치지 않고, 국제정치에도

---

6 https://trabalenguas.org/

다. 요즘의 한국의 정치, 사회뿐만 아니라 심지어 가족, 동료 사이에서 그 정도로 서로 공감하고 호응을 해 주는가? 오히려 그 반대로 서로 반목하고 대치하는 걸 더 많이 보고 듣게 되는데, 그것만으로도 얼마나 피곤한 일인가?

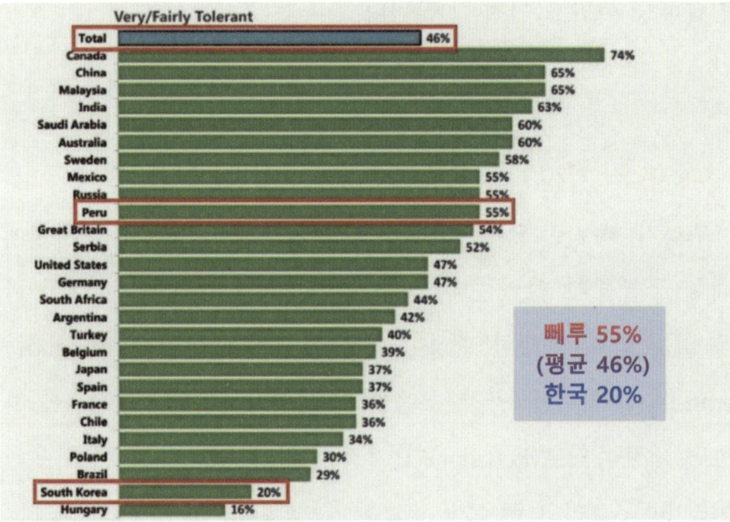

그러다가 2018년 BBC 글로벌에서 27개국 국민들(19,400명)을 대상으로 '똘레랑스(tolérance)'에 대해 조사한 글을 읽어 보게 되었다. 흔히 프랑스 단어로 얘기되는 똘레랑스는 자기와 다른 의견을 가지거나 입장이 다른 타인을 얼마나 수용하고 받아들이는가를 의미한다. 영어 단어로서의 뜻도 '관용, 아량'이다. 이 순위를 보면 한국은 예상대로 평균 이하로 최하위권이고(20%), 뻬루는 평균보다 높은 중상위권이었다(55%). 물론 이런 조사는 어떤 항목으로 어떻게 조사하느냐에 따라 결과가 달라질 수 있지만, 참고할 만한 자료라고 생각한다.

공감! 포용! 얼마나 편안한 단어인가? 그런데 상대적으로 empathy와 tolérance의 순위가 높은 뻬루에 와서 살아봤는데, 실제로 그것에 대해서 Mambo는 어떻게 느꼈는가? 일단은 마음이 편안하고 사회생활에서도 서로 존중하고 양보하는 분위기이니 합격점은 줄 수 있을 것 같다.

일반적으로 뻬루 사람들이 살아가는 모습을 보면, 가족들 간에는 매우 화목하며 관계가 좋다. 생활 형편이 괜찮은 경우에는 대가족 전체가 자주 모이고 며칠씩 휴가를 함께 가기도 한다. 즉, 가족은 모든 것에 우선하는 중요성이 있는 것 같다. 그러면 회사 생활에서의 동료들과의 관계는 어떨까? 회사에서는 서로 간의 관계가 유연하고 항상 밝은 모습이지만, 마음을 주고받는 데는 한계가 있는 듯하다. 퇴근시간 이후의 한잔하는 회식문화도 거의 없고, 직원이 새로 오든 퇴직을 하든 간에 환영/환송 자리도 없다. 퇴근하면 각자 집으로 가든지, 2차 일자리로 가든지, 아니면 야간학교로 공부하러 가든지 하는 것이고, 서로 눈이 맞아서 술 한잔하고 밥 한 끼 먹는 경우는 거의 없는 것 같다.

그러나 근무시간 동안에는 관계가 아주 부드러우며, 혹시 직원의 생일이 있을 경우에는 함께 사무실에 모여서 전심 식사를 하거나 케이크를 사다가 파티를 한다. 생일 날짜는 인트라넷에 공지가 되며, 정문 게시판에도 그 달의 생일자들이 공지되어 있다. 또 다른 이벤트로 Baby shower라는 걸 한다. 이는 새로운 아기의 탄생을 미리 축하하는 것인데, 보통 임신 7개월쯤에 하지만 그 시기가 달라질 수도 있다. Mambo의 사무실에서는 격주로 금요일마다 직원들 간의 친목 이벤트(TGIF, Thank's God, It's Friday)를 갖기도 했다.

이런 걸 보면, 잘 아는 사람들 간에 empathy와 tolérance는 매우 좋은 것 같다. 그러나 한편으로는 tolérance가 포용과는 다른 '무관심'으로 실행되는 측면도 있다. 포용과 무관심이 겉보기에는 서로 유사한 점이 많으나 내용상으로는 매우 다르다. 상대방이 자신과 다른 점에 대하여 그 차이를 인정하고 공감(empathy)한다면 포용일 것이고, 그런 것 없이 그냥 자신과 아무 상관이 없다고 생각하면 무관심으로 볼 수 있을 것이다. 실제로 뻬루 사람들과 SNS나 이메일로 대화를 하다 보면, 어떤 사람으로부터는 즉각 즉각 답이 오는 반면에 대부분의 사람들은 그런 응답성을 보여주지 않는다. 먼저 대화를 주도적으로 이끌어 가는 경우도 그리 많지 않고 수동적인 경우가 대부분이다. 자기 일에만 관심을 갖기 때문일까? 한국에서는 그런 경우에 '왜 카톡을 씹느냐'고 서운해하기도 하지만, 여기서는 으레 그러려니 하고 지나갈 뿐이다. 그런 무관심도 여기서는 tolérance 방식의 하나일 테니까……

반면에, 버스나 택시를 타러 도로에 나가보면 상황은 아주 다르다. 이건 뒷부분에서 더 자세하게 설명을 하겠지만, 운전자들은 그때의 교통상황과 관계없이 앞차에게 빵빵거리며 비키라고 독촉하기는 해도 자기 자신은 절대로 양보를 안 한다. 즉, 운전할 때는 empathy와 tolérance의 수준이 빵점이라고 보고 싶다.

뻬루 사람들은 서로 서로 인사를 잘한다. 보통은,

Buenos días! (부에노스 디아스! : 아침 인사)
Buenas tardes! (부에나스 따르데스! : 오후 인사)
Qué tal? Cómo estás? (께 딸? 꼬모 에스따스?)

라고 인사를 하는데, 뜻은 '안녕? 어떻게 지내지?'라고 생각하면 된다. 그렇게 말로 인사를 하면서 남자들끼리는 악수를 하고, 여자들은 상대와 볼인사(beso)를 한다. 볼을 서로 맞대고 여자는 쪽! 소리를 내는데(남자는 쪽 소리 안 냄), 그게 키스는 아니고 다만 볼만 접촉하는 것이니, 남자들이여 너무 큰 기대는 하지 마시라. 지난 2~3년 동안 코로나 바이러스 때문에 그런 모습을 보기 어려웠었지만, 이제는 예전 방식으로 서서히 돌아가고 있다.

여기서 그와 관련된 에스빠뇰 하나 배우고 가자. '키스하다, 뽀뽀하다'라는 단어는 besar인데, beso가 그의 명사형으로서 뜻은 '키스, 뽀뽀, 접촉'이다. 이 besar 동사의 명령형은 besa('뽀뽀해') 이다. 그래서 '나에게 뽀뽀 좀 해줘' 하면 Bésame가 되는데(me는 목적어), 우리가 많이 들어 본 노래인 '베싸메 무초(Bésame mucho)'가 바로 '뽀뽀 좀 많이 해 줘요'라는 뜻이 되겠다. 노래는 그 나라 또는 그 지역의 문화이다. 여행을 하기 전에 필수 표현도 한두 마디씩 배워두고, 노래도 미리미리 배워두면 좋겠다.

어디에서나 사람들의 성격은 각양 각색이라 일반화하기가 어렵지만, 그래도 전반적으로는 뻬루 사람들은 쾌활하고 붙임성이 많은 듯하다. 서로 서로 인사를 잘 하기도 하고, 처음 만나더라도 서로 경계하거나 거리를 두지 않는다. 흔히 남미 축구를 연상하며, 남미 사람들의 기질이나 성격이 급하고 다혈질일 거라고 예상하는데, 일상생활 및 대인관계에서는 그런 것 같지가 않다. 오히려 때로는 겁이 많은 모습도 보여준다. 다만 운전할 때는 불같은 성격이 나오는 것 같은데, 그건 한국에서도 마찬가지 아닌가? 아마도 운전대가 사람을 못쓰게 만드는 것 같다.

뻬루에 온 지 얼마 안 돼서 리마 북쪽에 있는 해산물 시장을 구경하러 간 적이 있다. 그 안에 있는 식당에서 맥주 한잔하면서 점심을 먹다가, 식당의 손님들과 말문을 트면서 자연스럽게 건배도 하고 얘기도 나누게 되었다. Mambo도 새로운 환경에 적응하는 것이나 새로

운 사람 만나는 걸 그리 두려워하지 않는 성격이지만, 뻬루 사람들도 그런 붙임성이 좀 있는 것 같았다. 그러나, 업무상으로 맺어진 관계에서는 개인적인 친분이나 관심도가 그리 크지 않은 것 같다. 각자의 일과 삶에 바빠서 그렇다고 생각하지만, 가끔은 '이 사람들도 인연과 정이라는 것을 알까?' 하는 생각이 들 때도 있다.

또한 약속은 대체로 잘 안 지켜지는 편이다. 어떤 경우에나 나름대로 무슨 사정이나 이유가 있겠지만, 변명, 핑계, 설명 같은 것도 없으니 약속을 잘 안 지키는 불성실함으로 이해되기도 한다. 그러니 꼭 달성되어야 할 사항이라면 약속이 제대로 이행되고 있는지 진행 과정을 재삼재사 확인하는 게 좋다.

건전하고 근면한 생활

뻬루 사람들이 일상을 살아가는 모습을 보면, 우리가 여기 오

기 전에 생각했던 것과는 많이 다르다. 전에는 남미 사람들이 떵까 떵까 놀기만 좋아하는 줄로 생각했는데, 뻬루 사람들은 대체로 열심히 일하며 건전하게 살아간다. 나름대로 이유가 있겠지만 회식하느라고 밤늦게까지 밖에 있는 경우는 거의 없다. 그런 이유 때문인지 식당도 저녁에는 영업을 안 하는 경우가 많아서 이상할 정도이다. 술도 그리 많이 마시지 않는다. 인근 남미 국가에서는 공원에서도 술 마시는 사람들을 심심찮게 봤고 길거리에도 맥주 깡통들이 여기저기 있는 걸 봤는데, 뻬루에서는 그런 경우는 드물다. 물론 집안에서 생일 파티를 할 때는 새벽까지 음악소리, 노랫소리가 흘러나오니, 그 안에서 술을 얼마나 마시는지는 알 수 없지만……

담배 피우는 모습들이 별로 눈에 띄지 않는 것 또한 특이하다. 기껏해야 길거리에 가끔 담배 피우는 사람들이 보일 뿐 회사나 직장 내에서는 그런 모습을 본 적이 없다. 또한 아마존 마을에서 며칠 머무를 때, 왜 그들이 담배를 안 피우는지를 원주민에게 물어본 적이 있다. 그랬더니, 할아버지가 안 피우니 아버지도 안 피우고, 그러니 자식들도 안 피우고 결국 가족 전체가 담배를 안 피운다고 했다.

핸드폰 값이 비싸서 그런지 깨진 액정을 그대로 가지고 다니는 사람들을 흔히 보게 되고, 통신사에서 공급하는 신기종이 한국에서보다는 몇 단계 구형인 경우도 많다. 아직도 음성 전용 폰을 사용하는 사람들도 있지만, 스마트폰을 2~3개씩 가지고 다니는 사람들도 있다. 사진에 있는 폰들은 빼루공대 소속의 어느 기관장 것이었다. 왜 폰을 3개씩이나 가지고 다니느냐고 물으니, 하나는 개인폰이고 다른 폰들은 업무용이라고

했다. 이 사람의 경우는 추가로 야간 강의도 하고 개인적인 사업도 하고 있으니 쓰리잡인데, 주말에도 강의를 한다는 얘기를 듣고 놀란 적이 있다. 전부 다 그런 것은 아니지만, 상위직의 경우에는 실제로 투잡 쓰리잡을 뛰는 경우가 흔하다. 월급이 적어서 그런지 돈에 욕심이 나서 그런지는 몰라도, 하여튼 야간에도 일을 하는 것을 자주 봤다. 직원들 중에는 아침에 영어학원을 다니거나, 야간 대학에서 공부를 하거나, 주말에는 업무 관련 특강을 듣기도 하는 등 자기 계발에도 관심이 많다.

빼루 사람들이 술, 담배를 거의 안 하고 투잡 쓰리잡 뛰는 모습을 보고 나서, Mambo는 남미 사람들에 대한 선입견을 크게 수정하였다. 또한 남미의 다른 나라를 여행하면서 그들의 생활 모습을 보고, 빼루 사람들의 건전한 생활방식이 상대적으로 더욱 부각되었다.

길을 걷거나 차를 타고 가다 보면, 한 푼이라도 벌기 위해서 애쓰는 모습들을 많이 본다. 교통체증이나 신호등으로 차들이 서 있으면, 물건을 팔기 위해서 그 사이로 이리저리 다니기도 한다.

물, 음료수, 초콜릿, 사탕, 과자, 땅콩 같은 것 이외에도 별의별 물건들을 다 들고 다닌다. 하물며 간단한 세차를 해주는 사람도 있고, 신호등 들어온 횡단보도의 차 앞에서 저글링(juggling) 재주를 부리는 사람들도 있다. 어찌 보면 적은 자본금으로 하는 개인 사업이지만, 저 사람들이 하루에 얼마나 벌 수 있을까? 저 사업으로 먹고 살 수 있을까? 하는 생각도 들었다. 운전자들이 물, 음료수, 땅콩 같은 건 사기도 하지만, 당장 급하지 않은 물건(예: 과일, 부채, 풍선 등)들을 사는 건 보지 못했기 때문이다.

자동차 사이를 누비는 행상들도 열심이지만, 길에서 주스를 짜거나 빵을 파는 사람들, 칼 가는 사람, 물건 배달하는 퀵서비스, 공원 관리, 청소원, 공사판에서 육체노동을 하는 사람들도 모두 꾀부리지 않고 열심히 일하고 있다. 이들은 차도에서 행상을 하는 사람들보다는, 자기 자리를 차지하고 장사를 하거나 어느 정도 고용이 되어 있는 상황이라서 돈벌이는 더 나을 것 같았다.

또한 육교에서는 어린 아기를 안고 여러 가지 잡화를 파는 사람들도 꽤 있고, 간혹 길 위에 분필로 그림을 그리며 한 푼 적선을 기대하는 사람도 있다. 심지어 누가 시켜서가 아니라 스스로 육교를 청소하면서 행인들의 마음을 움직이는 사람들도 보인다.

밖에서 물건을 팔거나 육체노동을 하며 열심히 살아가는 모습을 보면서, 사무실에서 편안하게 일하는 Mambo는 저들로부터 느끼는 점이 많았다. 뻬루는 교육수준에 따라서 직업이나 생활수준에 차이가 많이 나는 것 같다. 그래서 뻬루에서도 자녀들 교육에 관심이 높다. 하지만 자식들 교육은커녕, 먹고살기 위해서 애들과 함께 거리에 나와서 장사를 하는 모습이 허다하다.

뻬루의 리어카는 자전거나 오토바이 뒤에서 끌려 오는 게 아니고 앞에 달려있다. 짐을 많이 실은 경우에는 앞이 잘 안 보여

서 운전하기도 나쁠 텐데 왜 저렇게 앞에 달고 다닐까? Mambo가 생각하기엔, 앞에서 얘기했듯이 타인에 대한 경계심 때문에 건물 보안을 심하게 하듯, 짐을 뒤에 달고 가면 누가 뭐라도 집어가지 않을까 해서 그런 디자인이 생겨난 듯 하다.

그렇든 저렇든 간에, 어느 날 본 오토바이 리어카에는 부인과 아기를 태운 가장이 바나나를 싣고 장사하러 가고 있었는데, 가족 모두가 미소를 잃지 않은 행복한 모습이었다. 또한 청포도를 잔뜩 싣고 다니며 장사하는 커플도 보기 좋았다.

행사, 기념일, 여가 생활

빼루에서뿐만 아니라 남미 각국에서는 국가적인 또는 종교적인 행사 때에는 시내 곳곳에서 흥겨운 춤판이 벌어진다. 남미의 다른 나라에서는 그런 춤판에 맥주를 박스째로 갖다 놓고 술판을 함께 벌이는 걸 본 적도 있다. 그런 모습을 보면, 예전 한국에서도 시골 동네잔치가 벌어지면 풍악과 막걸리가 함께 있었던 모습이 생각났다. 그러나 빼루에서는 술판이 함께 있는 건 보기 드물고, 비교적 행사 자체에만 집중한다.

또 기관이나 회사에 따라 차이가 있지만, 자체 행사 때에도 항상 음악이 함께 한다. 때로는 직원들끼리 춤을 추기도 하며, 춤 경연 대회가 이어지기도 한다. 어찌 보면 음악과 춤은 남미 사람들에게 몸에 배어 있는 듯이, 음악이 있으면 누구나 자연스럽게 춤을 춘다. 그것은 어릴 때부터 춤을 보고 익히며, 일상생활에 춤이 함께 하기 때문이다.

리마 시내에 있는 몇몇 구청의 주민센터, 문화 체육센터에서는 주민들을 위해 쑴바(zumba)와 같은 춤 강좌가 운영되고 있기도 하다. 뿐만 아니라, 센터에서는 주민들을 위한 요가, 마사지, 요리교실, 노래교실, 그림교실, 각종 취미, 체육 등 다양한 프로그램들이 무료/유료로 제공된다. 또한 월례 행사로 야외 공원에서는 시민들을 위한 무료 음악회를 열기도 한다.

2월 14일 발렌타인데이는 에스빠뇰로 연인들의 날(El día de los Enamorados)이라고 하며, 연인들은 장미꽃, 하트 풍선, 곰 인형 등의 선물로 사랑하는 사람을 기쁘게 하거나, 사랑의 달콤함을 상징하는 초콜릿을 선물한다. 그런데 뻬루에서는 사랑과 우정의 날(Día del Amor y la Amistad)이라고 부르며, 한국에서처럼 그리 떠들썩하지도 않고, 한달 후 화이트데이라는 것도 없다. 그 대신 Mambo가 근무하는 기관에서는 전 직원이 강당에 모여서 과일 파티를 한 적이 있다. 온갖 과일이 풍성한 여름이라서 그런지, 주최측에서 여러 가지 과일로 예쁜 모양을 만들고 멋진 과일 세트들을 차려 주었다. 과일 파티 이후에는 댄스 경연대회를 하며 전 직원이 동료애와 우정을 다지는 즐거운 시간을 가졌다.

과일 파티

간혹 주택이나 아파트의 어느 집에서 음악이 크게 흘러나오는 경우가 있다. 그것은 밤늦게까지 이어지기도 하는데, 대부분 생일이나 기념일을 가족 친지들과 함께 하는 경우이다. 그런데 그런 시끄러운 음악소리에 대해 이웃들이 뭐라고 불평하거나 이의를 제기하지 않는다.

대표적인 기념일로서 El Día de la Madre(어머니날, 5월 2번째 일요일)와 El Día del Padre(아버지날, 6월 3번째 일요일)가 따로 있는데, 아버지날에 비해 어머니날이 더 떠들썩하다. 나라마다 날짜는 다르지만, 자식들이 어머니날을 더 중요하게 생각하는 건 아마 어느 나라나 마찬가지일 것이다. 그런 걸 보면, 한국에서 어머니날이었던 5월 8일을 어버이날로 만들어서 아버지를 넣어준 것이 다행스럽다. 한국에서는 어버이날에 부모님 가슴에 카네이션

꽃을 달아드리고, 간혹 선물이나 돈봉투를 드리기도 하고, 가족 모두가 함께 모여서 식사를 하는 경우가 많다. 그러나 뻬루에서는 돈봉투를 선물하는 경우는 별로 없고, 가족들 모두 모여서 식사를 하고 자식들이 준비한 이벤트를 즐긴다.

우리 주인집의 경우를 보면 간혹 Mariachi(풍각쟁이)를 부르기도 하고, 하트 풍선과 배너를 준비하고 감사의 문구를 가득 적어서 깜짝 선물을 한다. 부모의 입가엔 미소가, 눈에는 감동의 눈물이 그렁그렁하다. 이어서 다 함께 손을 잡고 음악에 맞추어 댄스 시간을 갖는다. 우리도 주인집 가족들과 이런 이벤트를 함께 한다.

뻬루의 크리스마스는 나비닷(Navidad)이라고 하는데, 수퍼마켓 안에 잔뜩 진열되는 빠네똔(panetón, 큰 빵)으로부터 그 분위기를 느낄 수 있다. 이때 수도 리마는 한여름이지만, 거의 비가 오지 않기 때문에 야외 공원마다 성탄 기념 장식물과 트리가 세워진다. 트리를 장식하는 소품들은 병뚜껑, CD, 리본 등 폐품을 재활용한다. 특히 이 시기에는 띠빠(Tipa) 꽃이 떨어져서 바닥을 노랗게 장식해 주기 때문에, Mambo는 '한국은 화이트 크리스마스, 뻬루는 노랑나비닷' 이라고 말한다.

크리스마스 식탁에 올려지는 주메뉴는 칠면조 요리인데 대부분의 경우에는 동네 빵집의 오븐에 주문해서 구워온다. 일부 회사에서는 직원들에게 칠면조 요리 구입권을 선물로 나눠주기도 한다. 지역 단체나 회사, 그리고 시 정부에서는 매년 12월이면 지역의 불우이웃들에게 핫초콜릿을 나누어 주는 라 초꼴라따다(La Chocolatada) 행사를 갖는다.

주인집 식구들은 크리스마스 이브(Nochebuena)에 다 함께 모여서 칠면조와 와인으로 식사를 한다. 이어서 선물을 주고받고, 뻬루의 전통 맥주 꾸스께냐(Cusqueña)와 올리브 안주, 핫 초콜릿과 빠네똥을 앞에 두고 대화를 이어 나간다. 부모도 어떤 주제의 대화에나 함께 참여하여 자녀들과 의견을 나눈다. 이야기가 무르익을 때쯤 역시 빠질 수 없는 댄스타임이 시작된다.

새해를 다 함께 맞이하기 위해 12월 마지막 날(Nochevieja) 온 가족들이 또 모인다. 먼저 샴페인을 터트리며 다 함께 'Feliz Año Nuevo!(새해 복 많이 받으세요)'를 외친다. 와인과 치차모라다(chicha morada)를 마시며 서로 축하의 말을 한다. 또한 Doce uvas(포도 12알)를 먹으며 새해 소원을 비는데, 각각의 포도알은 새해 열두 달을 의미한다. 흥미로운 것은, 포도를 먹다가 떨어뜨리면 그 달에는 불운이 온다 하니 조심해서 먹어야 한다. 이날은 우리가 만든 떡국을 뻬루 가족들에게 맛 보이며, '이걸 먹어야 나이 한 살을 더 먹는 것'이라고 설명해 준다. 우리는 한 지붕에서 두 문화를 공유하는 가족들인 셈이다.

주말에도 쉬지 못하고 일해야 하는 사람들이 많지만, 직장인들 대부분은 토요일, 일요일에 가족들과 시간을 보낸다. 주택가 공원에서는 여러 가족들이 나와 있는 모습을 볼 수 있으며, 바닷가에 나가 보면 파도가 센 곳에서는 서핑을 하는 젊은이들이 꽤 많이 보이고, 그냥 수영을 즐기는 연인들과 가족들도 아주 많다.

그래서 우리도 바다에 들어가서 그들과 함께 수영을 즐긴 적

이 있다. 그런데, 그곳은 바닥이 몽돌밭이어서 자갈들이 파도에 우르르 쓸려다니며 발목을 때리기 때문에 상당히 아팠다. 집에 와서 보니 여기저기 멍이 들어 있을 정도였는데, 그런 것도 재미 중의 하나일까? 다음부터는 파도가 센 몽돌밭보다는 모래밭 쪽에서 수영을 하기로 했다. 바닷가에는 수영을 하지 않더라도 펠리칸 등을 구경하며 산책하는 가족들도 많다.

그런데 해외여행을 하는 사람들은 그리 많지 않은 것 같다. 뻬루 사람들에게 외국 어느 나라에 가본 적이 있느냐고 물어보면, 인근 남미 국가에 가 본 사람도 별로 없다. 해외출장이나 해외여행이 아직도 일부에 국한되어 있는 것은 몇 십년 전 한국의 사정과 비슷하다.

특이한 모습들

이 동네 저 동네 다녀보면, 특이하고 신기하고 재미있는 풍경들이 보인다. 앞에서 설명했듯이 골목마다 철 대문으로 출입구

를 좁게 만들어 놓았기 때문에, 휠체어도 통과 못하는 걸 보며 참 한심하다는 생각이 들기도 했다. 또한 워낙 개 천국이다 보니, 기말고사를 보는데 개가 강의실에 들어오기도 했다(개가 시험 감독관인가?). 그리고 휠체어를 장착한 장애견이 공원을 산책하는 것도 특이했다.

쓰레기 모음

분리 수거

재활용 작품

쓰레기는 잘 모아서 버리기도 하고, 분리수거를 잘 하는 동네도 많다. 하지만 좀 수준이 낮은 동네에서는 골목에 쓰레기가 쌓여 있기도 하다. 반면에 타이어를 재활용하여 만든 백조는 주말농장 주변을 흐르는 도랑물과도 잘 어울리는 듯 했다.

안 팔아요!

벽화

무덤

"아니, 누가 파느냐고 물어봤나?"

벽에 '땅 안 판다'고 써 놓은 곳이 많은데, 볼 때마다 웃음이 나온다. 벽에 낙서들도 많이 하지만, 벽화를 멋지게 그려 놓기도 한다. 또한 개집처럼 생긴 무덤도 도로변에 보이는데, 그곳에서 사고가 있었다는 추모의 의미이다.

길을 가다가 여기저기서 보이는 간판들을 재미있게 읽어보기도 한다. '돈 빨리' 내라고 재촉하는 식당도 있고, '돈이 많냐'고 묻는 구멍가게도 있다. 들어갈까? 말까?

하지만 그건 '오해다'라고 다독이는 듯한 구멍가게가 있는가 하면, 어떤 성형외과에는 포르노를 방불케하는 광고를 본 적도 있다.

5

음식 문화

태평양과 접해 있는 꼬스타(Costa) 해안지대에서는 생선과 해산물이 많이 나오고, 안데스 고산이 분포해 있는 시에라(Sierra) 지역에서는 농축산물 및 수퍼푸드, 아마존 열대우림이 있는 셀바(Selva) 지역에서는 생선, 열대 과일 및 진기한 식재료들이 다양하게 생산된다. 그리하여 일찍이 잉까 시대부터 다양한 식재료를 이용한 요리가 발달되어 왔다. 그러다가 동서양 이민자들이 들어오고 그들의 문화와 혼합된 퓨전 요리가 생겨나면서 오늘날 뻬루의 독특한 음식 문화가 형성되었다. 지역에 따라 음식 스타일이 다르긴 하지만, 뻬루 음식은 대체로 입에 잘 맞는다. 오히려 음식 때문에 뻬루에 여행 온다는 사람들도 있으니, 기회가 되면 이것저것 경험해 볼 만하다.

식당 (음식 구성, 맛, 팁)

일상 요리 재료를 보면, 육류로는 닭고기가 가장 많이 소비되고, 또한 쇠고기, 돼지고기, 생선과 해산물, 옥수수, 감자 등도 많이 쓰인다. 쌀은 장립종(소위 안남미)이라서 밥의 끈기가 적다.

이곳 대중 식당에서의 음식은 다음과 같이 구성되는 경우가 대부분이다.

- 엔뜨라다 (entrada=애피타이저),
- 쎄군도 (segundo 또는 fondo=메인 메뉴),
- 뽀스뜨레 (postre=후식)

물론 엔뜨라다 없이 메인 메뉴 하나로 식사를 하는 경우도 있다. 엔뜨라다는 원래 건물의 입구를 뜻하는 단어이지만, 식사와 관련해서는 애피타이저(전채)를 의미한다

아래는 시장(mercado)에 있는 음식점 메뉴판의 하나이며, 엔뜨라다+쎄군도+음료로 구성된 메뉴의 가격은 10솔(sol)로서 부담 없는 가격이다. 하지만 음식값은 말 그대로 천차만별이다. 일반 식당이나 시장에서는 10솔 이하인 경우도 있지만, 프랜차이즈 체인점 같은 식당에서는 30솔 또는 그 이상으로 비싼 메뉴도 많다.

엔뜨라다는 소빠(sopa, 국/죽), 엔살라다(ensalada, 샐러드), 까우

사(causa), 따말(tamal, 옥수수가루 찜), 삐까로네스(picarones) 등 식당에 따라 여러 가지가 있는데, 그중에서 하나를 고르면 된다.

엔살라다는 작은 접시에 엔뜨라다로 서빙이 되기도 하지만, 하나의 독립된 메뉴로 제공되기도 한다. 신선한 채소와 과일을 주 재료로 하는데, 채소는 주로 상추, 시금치, 양파, 양송이, 새싹 등이 쓰이고, 과일은 빨따(=아보카도), 수박, 토마토, 망고, 빠빠야, 블루베리 등이 들어간다. 별도로 주문하는 엔살라다에는 추가로 닭고기, 훈제연어, 치즈 등이 더 들어가서 값이 비싸지기도 한다.

까우사는 으깬 감자와 빨따를 차곡차곡 쌓아 만든 엔뜨라다인데, 사용하는 재료(닭고기, 새우, 게, 문어 등)와 데코레이션에 따라 여러 종류가 제공된다. 까우사는 눈으로 보는 재미가 쏠쏠하고 먹는 맛도 좋다.

따말은 옥수수 반죽에 고기, 치즈, 과일 등의 소를 넣어 옥수수 껍질에 싸서 쪄낸다. 가장 전통적인 식사 또는 간식으로 거리에서 팔기도 한다.

우리는 때때로 주인집과 음식을 주고받는데, 어느 날 주인 아주머니가 따말을 가져다 주면서, "Está mal, está bien(이거 나빠요, 이거 좋아요)"이라고 말하곤 빙그레 웃었다. 물론 "Es tamal, está bien(이거 따말인데, 맛있어요)"라는 얘기였지만, 발음이 비슷하기에 재미있었다. 우리는 음식을 나누면서도 그렇게 함께 웃기도 한다.

삐까로네스(Picarones)는 겉은 바삭하면서도 속은 쫄깃한 뻬루식 도넛이라고 할 수 있다. 꿀과 같은 달콤한 소스에 찍어 먹으면 입안에서 사르르 녹는 맛이다. 애, 어른 할 것 없이 모두 좋아하고, 길거리에서도 쉽게 찾아볼 수 있어서 국민 간식이라고 할 수 있다. 이것은 엔뜨라다보다는 뽀스뜨레로 더 인기가 있는데, 세계 50종의 튀김 뽀스뜨레 중에서 톱10에 든다고 한다.

뽀스뜨레는 간단한 후식으로서, 작은 과일이나 젤라틴 또는 단맛 나는 기호 식품이 제공되며, 별도로 아이스크림 같은 것을 주문할 수도 있다.

뻬루의 음식은 한국인 입맛에는 좀 짜게 느껴지는 경우가 많다. 그러므로 주문을 할 때 'Sin sal' 또는 'Poco sal, por favor'라고 부탁하는 게 좋다. 이는 '소금 없이' 또는 '소금은 조금만'이라는 뜻이다. 사실 그래도 짜게 나오는 게 일반적이긴 하다.

많은 사람들이 뻬루의 팁(propina) 문화에 대해 궁금해 한다. 미국에서는 팁이 거의 의무에 가까운 예절이지만, 뻬루에서는 그런 정도는 아니고, 정말 기분 좋거나 고맙거나 또는 폼 좀 잡고 싶을 때 주면 된다. 보통 작은 까페떼리아에선 2~3솔, 고급 레스토랑이라도 10솔이나 음식값의 5~10% 선이면 충분하다. Mambo도 처음엔 팁에 신경을 좀 썼지만, 이제는 아주 특별할 때나 거스름돈으로 잔돈 몇 푼이 남을 때 그걸 놓고 오는 정도이다(택시에서도 마찬가지). 뻬루 사람들도 팁에 별로 신경을 안 쓰며, 오히려 함께 식사를 했던 사람이 Mambo에게 "뭐하러 팁을 주려고 그리 애를 쓰느냐, 안 줘도 된다"는 얘기를 한 적도 있다. 카드로 결제할 때는 아예 청구서에 팁의 액수를 쓰는 공란까지 있는데, 그리 스트레스 받을 필요는 없다.

대표 음식

음식들은 워낙 종류가 많아서 그것만 하더라도 책 한 권이 될 테니, 가장 인기 있고 대표적인 음식만 소개하고, 특징이 될 만한 것만 몇 가지 나열해 보겠다.

• 일반적인 메인 메뉴

일반적인 메인 메뉴로 닭요리, 쇠고기 구이(스테이크, 불고기), 돼지고기 구이, 생선튀김 중에서 하나를 대표로 선택하면, 거기에 밥, 면, 감자, 고구마, 옥수수, 채소들을 적절히 배합하여 큰 접시에 내는 것이 보통이다.

또한 대중적인 음식으로 닭의 부속품을 재료로 해서 국을 만드는데, 이는 엔뜨라다로 제공되기도 하지만 메인메뉴로 나오기도 한다. 닭국에 들어가는 것은 닭발, 목, 간, 염통, 똥집 등으로서 그냥 버리기 아까운 것들이 쓰인다. 이런 것들은 한국의 포장마차에서도 많이 팔던 것들이라서 옛 향수가 느껴진다.

- **쎄비체(cebiche, ceviche)**

쎄비체는 작은 접시에 엔뜨라다로도 먹을 수 있지만, 메인 메뉴로도 대표적인 음식이다. 생선회를 리몬(limón)이라는 열매

의 즙에 절이는 게 핵심인데, 리몬즙으로 인해 살균도 되고 맛도 상큼해지는 효과가 있다.

쎄비체는 보통 고구마, 양파, 삶은 옥수수, 해초 등과 함께 나오는데, 생선의 종류가 다양하고 음식의 데코레이션도 식당마다 달라서 쎄비체의 종류만 해도 수백 가지는 될 것이다. 쎄비체에는 대개 깐차(cancha, 볶은 옥수수)가 곁들여지는데, 심심풀이로 먹을 수 있게 아예 따로 그릇에 담아 주기도 한다. 우리도 생선회를 사다가 쎄비체를 자주 만들어 먹는데, 집에서는 번거롭게 데코레이션을 할 필요가 없으니 그리 어렵지는 않다. 한국의 회무침과 비슷하게 만들지만 리몬에 절이기 때문에 맛은 아주 다르다. 그런데 지금까지 먹어온 쎄비체 때문에 Mambo의 입맛이 바뀌었는지, 이제 한국식 회는 밍밍해서 별 맛이 없을 정도이다.

리몬은 쎄비체에만 쓰이는 게 아니라, 다른 음식에도 각자의 취향대로 리몬즙을 짜 넣기도 한다. 즉, 식사때 리몬은 항상 옆에 있으며 맛을 더해 주는 양념으로 사랑받는다. 리몬은 탁구공만 한 초록색 열매로서, 영어권에서는 라임(lime)으로 부르는 과일인데, 라임은 에스빠뇰로 리마(lima)이다. 그런데 뻬루 사람들은 왜 그걸 리마라고 부르지 않고, 리몬이라고 부르는 걸까? 뻬루 사람들에게 물어봤지만 속 시원한 대답은 없었다. 그들은 어릴 때부터 그렇게 알고 있으니, 그게 당연한 것이고 이상할 게 없을 것이다. 반면, 이곳에서 리마라고 부르는 과일은 리몬과 비슷하게 생겼지만 밀감만큼 크다. 신맛이 강하지도 않고 단맛도 별로 없지만, 냉장고에 두었다가 여름날 시원하게 먹기도 하는 또 다른 과일인 셈이다.

영어	에스빠뇰	특징
lemon	limón	크다 노랑색 단맛
lime	lima	작다 초록색 신맛

이런 궁금증을 가지고 인터넷을 찾아보니, 중남미 지역에서는 사전에 나오는 것처럼 말하지 않고, 라임은 무조건 limón이라고 부르며, 레몬은 limón amarillo(=노란 리몬)라고 부른다고 혼란을 정리해 놓은 것도 있었다.[7] Mambo는 이와같이 새로운 환경과 언어생활을 관찰해 가며 하나둘씩 배워가고 있다.

• 빠리우엘라(parihuela), 수다도(sudado)

리마 북쪽에 있는 해산물 시장에서 먹어본 빠리우엘라는 뻬루식 생선 해물탕 같았다. 생선 한 마리를 통째로 넣고 홍합, 새우, 게, 양파, 해초 등을 넣은 후 즉석에서 끓여 주는데 국물 맛이 순하고 시원해서 맛이 좋았다. 토핑으로는 유까(Yuca)와 리몬이 올라가 있었다. 반면, 수다도는 다른 해산물 없이 생선으로 만든

7 https://www.dominicancooking.com/lemon-lime-spanish-english

탕인데, 오히려 단순, 깔끔한 맛이 있어서 좋다. 그래서 수다도는 우리가 여행할 때 즐겨 먹는 음식 중의 하나이다.

• 안띠꾸초(anticucho)

간식 겸 식사로 빼놓을 수 없는 것 중의 하나는 안띠꾸초이다. 이것은 소의 염통(corazón)을 꼬치에 꿰어 구운 것인데 길거리 노점에서 주로 팔지만, 이를 전문으로 파는 식당도 있다. 그만큼 매우 대중화되어 있고 여행자 입장에서도 꼭 경험해 볼 만한 음식이다. Corazón은 음식 재료로 쓰일 때는 염통이지만, 일상생활에서는 마음, 심정, 사랑 등의 정서를 나타내는 단어로서 발라드 풍의 뻬루 노래 가사에 많이 들어간다. 시장이나 마트에서는 염통, 간, 천엽 등을 팔고 있기 때문에, 집에서도 안띠구초뿐만 아니라 몇십 년 전 한국에서 자주 먹던 추억의 음식을 만들어 먹을 수도 있다.

- **꾸이(cuy)**

빼루 음식 소개를 하는 데 있어서 가장 특징적이고 절대로 빼놓을 수 없는 요리가 있다면 그것은 꾸이(cuy)일 것이다. 꾸이는 영어로 기니피그(guinea pig)이지만, 돼지가 아니고 쥐와 같은 설치류이다. 우는 소리가 마치 꾸이~꾸이~ 하는 것처럼 들리기 때문에 이름이 그렇게 붙었다. 물론 동물들 우는 소리는 나라마다 또는 언어마다 다르게 표현하지만, 꾸이라는 생각을 하고 들으면 정말 꾸이~꾸이~로 들린다.

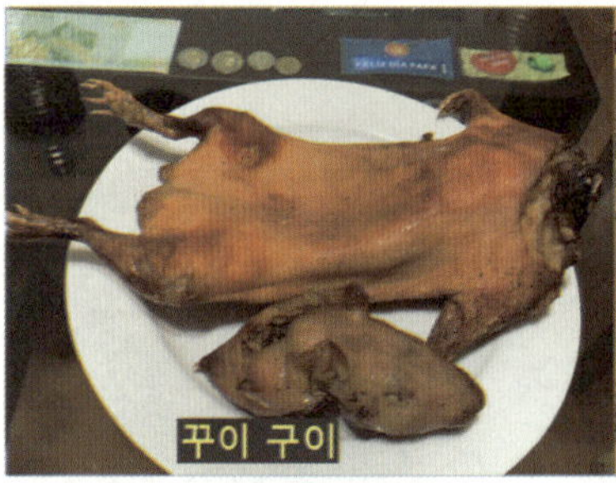

크기는 토끼보다 작은 편이며(700g 정도), 시장에서 식용으로 손질하여 파는 것이 25~30솔 정도 하니, 다른 육류에 비해서는 좀 비싼 편이다. 식당에서는 한 마리 통 요리가 70솔 정도 하니 꽤 비싼 가격이다. 그런데 꾸스꼬 동쪽으로 17km 정도 떨어진 와싸오(Huasao)라는 동네의 꾸이 맛집에서는 35솔 정도 가격으로 싸게 먹어 본 기억이 있다. 아마 대량으로 사육하고 판매하기 때문인 것 같다.

꾸이는 통째로 요리를 하기 때문에 머리부터 심지어 발톱까지 그대로 접시에 나온다. 이 요리는 옛날부터 남미 지역의 대표적인 단백질 공급원으로서 콜레스테롤이 없다고 하여 뻬루 여성들에게도 인기가 많다. 하지만 한국 사람들, 특히 여성들은 꾸이가 너무 귀여워서 또는 머리와 발톱까지 통째로 접시에 올라오기 때문에 먹기가 어렵다고들 한다. 실제 애완용으로 기르기도 하니까 그런 생각에도 일리가 있지만, 뻬루 여행 시에는 한번쯤은 먹어보는 경험을 하는 것도 좋다. 사실 육류 음식이라는 게, 원래 그 동물이 살아 있을 때 귀엽지 않은 것이 어디 있겠는가? 특히 어릴 때는 어떤 동물이든지 이쁘고 귀엽고, 하물며 생선도 얼마나 아름다운가? 그러나 음식으로 먹을 때는 그런 생각을 하기보다는 음식 자체를 감사하는 마음으로 맛있게 먹으면 그걸로 충분하다고 생각된다.

• 빠차망까(pachamanca)

빠차망까는 께추아(Quechua)어로 '땅의 요리'라는 뜻으로 (pacha=땅, manca=냄비), 땅의 비옥함을 기리는 축하의식에서 유래되었다

고 한다. 쇠고기, 돼지고기, 닭고기 및 꾸이 등을 미리 예열된 돌들로 둘러쌓아서 서서히 익힌다. 그리고 감자, 고구마, 옥수수, 누에콩, 유까 같은 부재료와 향신료가 함께 들어간다. 빠차망까도 꼭 먹어볼 만한 음식중의 하나이다.

• 대중화된 메뉴

빼루 사람들이 부담 없이 많이 먹는 식당 메뉴로는 쇠고기 볶음(lomo saltado), 닭 숯불구이(pollo a la brasa), 해물 볶음밥(arroz con mariscos), 면류(tallarin)가 있다.

쇠고기 볶음(lomo saltado, 로모 살따도)

쇠고기는 비스떽(bistec=비프 스테이크)으로 먹기도 하는데, 쇠고기 볶음과 밥으로 구성된 lomo saltado는 사람들이 많이 찾는 메뉴이다.

닭 숯불구이(pollo a la brasa, 뽀요 알 라 브라사)

가장 저렴하고 대중적인 메뉴 중의 하나가 닭요리이다. 닭을 오븐에 구워서 제공하기도 하지만, 숯불(brasa)에 구워서 파는 "POLLOS A LA BRASA"라는 식당의 간판도 흔히 보인다.

해물 볶음밥(arroz con mariscos, 아로스 꼰 마리스꼬스)

새우, 오징어, 조개 등 해산물로 만든 볶음밥도 부담 없는 메뉴이다.

면류(tallarin, 따야린)

면류는 대부분 국물 없이 고기와 각종 채소를 섞어서 만들며, 시금치와 바질로 색깔을 낸 초록색 면(tallarin verde)도 있다.

• 재미있는 음식 이름

앞에서 까우사(causa)를 소개했는데, '까우사' 하면 까우까우(cau cau)라는 요리가 생각나고, 까무까무(camu camu)라는 과일 이름도 생각나고, 또한 따꾸따구(tacu tacu)라는 요리도 연상된다. 이름이 비스름하다 보니 자동적으로 그런 생각이 나는 게 재미있다.

Cau cau

Camu camu

Tacu tacu

까우까우는 내장(mondongo)과 감자로 만든 스튜요리이고, 까무까무는 아마존 지역의 과일로서 포도알 크기의 자두라고나 할까? 비타민 C가 아주 풍부하다고 하며, 신맛이 강하기 때문에 주스를 만들어 먹는다. 따꾸따꾸는 밥을 으깬 콩과 함께 후라이팬에 볶아서 또르띠야(tortilla) 모양으로 만들어 낸 요리이다.

- **빵, 케이크**

엠빠나다

피자

케이크(3-우유)

밀가루 음식으로서는 햄버거나 식빵이 일상에서 쌀보다 많이 소비되며, 만두처럼 생긴 엠빠나다(empanada)는 고기, 야채, 치즈 등을 넣은 것으로서 고급 간식 또는 식사로 인정받는다. 피자는 풍부한 토핑을 곁들인 맛으로 한국과 비슷한 가격으로 직접 체인점에서 먹거나 집으로 배달 주문을 할 수 있다.

사무실에서 직원의 생일파티를 할 때에는 준비하는 것으로서 3가지 우유를 넣은 케이크(torta tres leches)가 있다. 이것은 촉촉한 맛이 있어서, 케이크를 잘 안 먹는 Mambo도 한 조각씩 맛보곤 한다.

음료, 간식

뻬루 사람들이 흔히 마시는 음료 중의 하나는 꼴라(cola)와 같은 청량음료이다. 뻬루에서는 꼬까꼴라(Coca-Cola) 보다 잉까꼴라(Inca Kola)가 인기가 있는데, 처음엔 꼴라 색깔이 노란색이라서 신기했다. 식당이나 공원에서는 잉까꼴라 마시는 모습을 자주 볼 수 있다. 뻬루에서 잉까꼴라의 인기가 탄산음료 시장을 압도하자 코까꼴라가 아예 잉까꼴라의 지분을 인수했다고 한다(3억 달러, 1999년). 잉까꼴라는 뻬루 이외의 중남미 다른 나라에도 진출해 있다. 또 대중적으로 소비되는 음료로 치차모라다(chicha morada)가 있는데, 이는 진한 자주색 옥수수(maíz morado, 미이스 모라다)를 발효시켜서 만든다. 향기가 좋고 달콤해서 대중들에게 인기가 있다. 뻬루를 방문한다면, 기념으로라도 마셔 볼 만한 자랑거리 음료라고 할 수 있다. 그 외에 사이다, 환타 같은 청량음료(gaseosa)도 즐겨 마신다.

식사 때에는 각종 과일이나 허브로 만든 주스(jugo, 후고)를 곁들이기도 한다. 그 종류로는 오렌지, 빠빠야, 바나나, 사과, 포도, 마라꾸야, 딸기, 당근, 레몬, 블루베리, 멜론, 파인애플, 빨따, 복숭아, 석류, 오이, 키위, 토마토, 배, 자두, 망고, 수박, 루꾸마…… 이러다가 세상에 있는 과일을 다 열거할 것 같은데, 하여간 한 종류 과일로 만들 수도 있지만, 두세 가지 과일을 혼합하거나 채소 또는 허브와 섞어서 만들기도 한다. 물론 취향에 따라 얼음을 넣기도 하고 안 넣기도 한다. 대부분의 뻬루 식당에서는 식사후에 커피나 차(té)를 주문하기도 하고, 분위기를 바꾸기 위해 까페떼리아로 자리를 옮기기도 한다.

뻬루 사람들이 술을 즐겨 마시지는 않지만, 삐스꼬 사워(pisco sour)라는 칵테일은 제법 인기가 있다. 알코올 40도 이상의 술

인 삐스꼬와 리몬, 달걀 흰자, 시럽(syrup)을 칵테일 한 것으로서 신맛이 나기 때문에 그런 이름이 붙었다. 그리고 이는 뻬루와 칠레에서 유행하고 있는데, 두 나라는 서로 자기 나라의 고유 술이라고 주장하고 있다. 하여간 뻬루에서는 2004년부터 매년 2월 첫째 토요일을 삐스꼬 사워의 날로 기념하고 있다. 토속적인 술로는 치차 데 호라(chicha de jora)가 있는데 옥수수를 발효시킨 막걸리라고 할 수 있고, 주로 전통시장에서 볼 수 있다. 잉까 이전부터 안데스 지방에서 제사, 축제 때 쓰이던 신성한 음료로 인정받아 왔다. 그 외에 마트의 술 코너에는 와인, 맥주, 위스키 등 여러 가지 술이 있는데, 좀 한산한 편이다.

식재료, 허브

시장에서 흔히 보이는 식재료들은 쌀, 감자, 고구마, 콩, 각종 분말류 등 없는 게 없다. 특히 감자는 그 종류가 무려 4,000종이 넘는다고 한다. 그 색도 맛도 정말 다양해서 파란색, 노란색, 빨간색, 보라색, 심지어는 분홍색까지 있으며, 매년 5월 30일이

'감자의 날((Día Nacional de la Papa)'로 지정되어 있기도 하다.

그런데 뻬루 사람들이 리몬 즙을 즐기듯이, 매운 고추로 만든 양념(salsa picante)도 식탁에 자주 오른다. 매운 건 한국 사람들이나 먹는 줄 알았는데, 참 신기한 일이다.

어느 날 마트에 들렀더니 알뿌리들이 진열되어 있었는데, 그 이름이 오까(oca), 마까(maca), 마슈아(mashua)였다. 오까는 감자 다음으로 많이 재배되는 작물이며, 단백질, 아미노산, 항산화물질, 섬유질이 풍부하다고 한다. 마까는 한국에도 잘 알려진 강장식품인데, 뻬루의 산삼이라고도 불리며 분말 제품으로도 팔린다. 그런데 '마까'라는 단어는 곧 침대를 뜻하는 까마(cama)를 생각나게 하기에, 장난삼아 "마까 먹고 힘내서 까마로 가자!"라는 작문도 만들어 봤다.

"Vayamos a la cama con vigor después de comer la maca!"

마슈아도 생으로 먹으면 매운맛이 나는데, 살충 약리작용이 뛰어나기 때문에 작물에도 벌레가 끼지 않는다고 한다. 이뇨, 콩팥 강화, 각종 암(위, 맹장, 피부, 전립선 등)에 효과가 있다고 한

다. 그런데 생각보다 그리 많이 소비되지 않는 이유는, 잉까의 전통 의학에서 성욕 억제제로 쓰였다고 해서 남자들이 별로 좋아하지 않기 때문이란다.

뻬루사람들은 허브(hierva)를 좋아한다. 어느 날 마트에 가 보니, 채소를 파는 곳에 꽃이 있기에 도대체 그게 무슨 꽃일까? 궁금했다. 이름은 만싸니야(manzanilla)로서 북아프리카, 유럽 등이 원산지이며, 피로회복이나 심신안정, 미용 등에 탁월한 효능이 있다고 한다. 이것은 달콤한 사과향이 나기 때문에, '땅에서 나는 사과'라는 의미로 사과(manzana 만싸나)와 이름이 유사하게 지어졌다고 한다. 시에라(Sierra) 산악 지역에 가면 꼬까(coca) 차를 주로 마시지만, 만싸니야 차도 즐겨 마신다. 그런데 그렇게 오랫동안 궁금해 왔던 만싸니야가 나중에 알고 보니, 우리에게 익숙한 '캐모마일(chamomile)' 아닌가? 그렇게 궁금증이 시원하게 풀려서 기분이 좋았던 기억이 있다. 에우레카!

알바아까(albahaca)도 마찬가지였다. 어느 날 주문한 점심에 초록색 콩죽이 있길래, 뭐가 들어갔냐고 물어 봤다. 알바아까라고 하길래, 고개를 갸우뚱하며 그게 도대체 뭘까? 했다. 나중에 알고 보니 우리에게 익숙한 이름의 바질(basil, sweet basil)이었다.

이 허브도 향이 좋아서 요리에 많이 쓰이는데, 머리를 상쾌하게 하고 두통을 완화해 주며, 각종 비타민과 식이섬유, 철분 등이 풍부하게 들어있다고 한다.

이렇게 세상에는 같은 것이라도 이름을 달리하는 것들이 꽤 있고, 관심을 가지고 찾아보면 이미 알고 있었던 것인 경우가 많으니, 그냥 스쳐 지나가지 말고 잘 살펴보자.

이렇게 달리 부르는 것으로는, '사빌라(sabila)=알로에(aloe)', '아세이뚜나(aceituna)=올리브(olive)'도 있다. 이것들 역시 뻬루 사람들이 좋아하는 것이며 시장에서 많이 팔리고 있다.

6

꽃 천지, 동물 천국

꽃과 나무들

우리가 2019년 뻬루의 수도인 리마(Lima)에 도착해 보니, 화려하고 풍성한 꽃들이 가장 먼저 눈에 들어왔다. 그때는 1월 중순으로 계절은 여름이어서 한낮 최고 기온은 대체로 25~26ºC 정도였다. 좀 바쁘게 움직이면 미세먼지 없는 공기를 통해 내리쬐는 태양으로 인해 땀이 나는 정도였지만, 아침저녁으로는 산들바람이 불어서 시원하였다. 리마에는 겨울에 해당하는 7월~9월 동안에도 최저 기온이 12ºC 정도라서 눈꽃이나 얼음꽃은 없다. 대신, 열대 지방 꽃에서부터 아열대 지방의 꽃까지 일 년 내내 다양한 꽃들을 볼 수 있다.

Mambo가 꽃과 나무를 좋아하고, 꽃 동호회의 고수들로부터 하나하나 배우다 보니, 이제는 예전보다 더 많은 꽃들이 눈에 들어온다. 역시 아는 만큼 보이는 것 같다. Mambo가 뻬루와 남미의 다른 나라에서 찍은 꽃들은 컴퓨디에 차곡차곡 저장되어 있는데, 그게 약 300여 종이나 된다. 그걸 이 책에 다 넣을 수는 없으니, 뻬루의 분위기를 알리는 차원에서 대표적인 꽃과 식물들만 소개한다.

여행의 재미는 관광지나 유적지에서 증명사진 찍는 것이 전부가 아니다. 그 주변 환경과 사람들이 살아가는 모습들을 관찰하고 그들과 시간을 함께 함으로써 여행의 맛이 더 커질 수 있다. 꽃이나 나무, 동물, 길거리 모습들도 그냥 지나치기보다는 관심을 갖고 보면, 자신의 여행이 훨씬 풍부해질 것이다. 어차피 인생도 여행이라고 했는데, 우리의 인생은 패키지여행인가 자유여행인가? 그것은 분명코 자유여행 또는 배낭여행일 테니, 실제 여행에서도 그저 짜인 대로 수동적으로 관광을 다니는 것보다는 스스로 계획하고 부딪히고 관찰하고 느끼는 것이 진정한 여행이라고 생각한다.

리마에 도착하자마자 제일 먼저 눈에 띈 꽃은 예전에 라오스에서 본 적이 있던 봉황목(Royal poinciana) 꽃이었다.

봉황목

잎은 자귀나무와 비슷하고, 꽃은 정열적인 붉은색이며 꽃송이도 크다. 나무 모양이 마치 우산처럼 생겼는데, 가로수로도 줄줄이 서 있고 주택가에도 흔히 보인다. 원산지는 아프리카 남부에 있는 마다가스카르(Madagascar)이고, 꽃말은 뜨거운 청춘이다. 봉황목은 불꽃나무라고도 불리며, 화염수, 자카란다와 함께 세계 3대 꽃나무라고 한다. 리마에는 세계 3대 꽃나무가 여기저기 흔하게 있기에 그것들을 가장 먼저 소개하는데, 봉황목과 비슷하여 헷갈리기도 하는 공작화도 구경해 보자. 공작화(Peacock flower, Poinciana)는 암술과 수술이 공작 꼬리처럼 길고 꽃은 봉황목보다는 작아서, 둘을 구별하는데 큰 어려움은 없다. 그런데 재미있는 것은 봉황목은 Royal poinciana, 공작화는 Poinciana로서 이름이 비슷한 걸 보면 그들 눈에도 아마 꽃이 비슷해 보였는가 보다. 또한 둘 다 열매에는 독성이 있다고 한다.

다음은 화염수(火焰樹)인데, 만개한 나무를 보면 정말 화염에 휩싸인 듯하다. 꽃은 봉황목보다는 훨씬 크며 세계 3대 꽃나무답게 참 정열적인 색감이다.

화염수

화염수는 식물 분류상으로 능소화과이며 아프리칸 튤립(African tulip)이라고도 불린다. 그런데 열매에 들어있는 씨앗은 예상과 달리 작고 얇은 막에 싸여 있다. 수년 전 호주 여행을 갔을 때 화염수를 처음 봤는데, 그땐 화염수가 하도 신기해서 꽃을 따다가 이리저리 들여다보며 연구했었다. 그걸 이곳 페루에서 다시 보게 되니 얼마나 반갑고 기쁘던지!

자카란다(Jacaranda) 역시 능소화과이며 아프리카 벚꽃으로도 불린다. 은은한 향기를 발산하는 보라색 꽃의 구조가 능소화와 비슷한데, 그래서인지 씨앗도 화염수처럼 납작하고 얇은 막에 싸여 있다. 그런데 열매의 모양이 납작하고 마치 가리비 조개를 닮아서, Mambo는 이 나무를 '가리비 나무'라고도 부른다.

기왕에 능소화 얘기가 나왔으니, 한국의 능소화와 이곳의 능소화에 대해 이야기해 보자. 임금의 성은을 입은 소화가 임금을 그리워하며 담 너머를 바라보며 애타게 기다리다가, 죽은 후에 그 담장에 피어난 꽃이라는 능소화. 여름철 담장을 타며 붉게 피어나는 능소화는 한국에서도 많이 봤지만 정작 열매를 본 적은 없다.

빼루에는 모양과 색깔이 다른 능소화들이 거의 연중 계속 핀다. 그중에 노랑능소화는 콩 꼬투리 같은 열매를 주렁주렁 맺는데, 씨앗은 역시나 납작하며 얇은 막에 싸여 있다. 그리고 황금나팔나무(Golden trumpet tree) 역시 능소화과이다. 세계 3대 꽃나무 중, 화염수와 자카란다가 능소화과라는 설명을 하다 보니, 빼루의 여러 능소화들도 소개되었다.

이제 봉황목만큼이나 가로수로도 많이 심어져 있고, 이곳의 꽃나무를 대표한다고 할 수 있는 미인수(Ceiba speciosa)를 살펴보자. 제일 먼저 소개해도 손색이 없는데, 세계 3대 꽃나무라고 하는 것들을 소개하다 보니 미인수가 억울하게 뒤로 밀려나 버렸다. 미인수는 한여름인 2월 초부터 꽃을 피우기 시작해서 늦가을인 5월에 주먹만 한 크기의 길쭉한 열매를 맺는다. 꽃은 색깔이 선명한 분홍색이며 나무 전체를 뒤덮기 때문에 그 모습이 장관이다.

미인수

나무 몸통의 색깔은 대체로 초록색을 띠며 나무의 아래쪽은 마치 엉덩이처럼 통통하다. 또한 술병처럼 보이기도 해서 병나무(Árbol botella) 또는 술취한 나무(Palo borracho)라고도 불린다. 그리고 겨울이 되면 열매가 익어서 그 안에 있던 솜과 함께 씨앗이 바람에 날리는데, 그렇게 날리는 솜 때문에 명주솜나무(Silk floss tree)라고도 불린다. 그러나 미인이라서 그런가? 인물 값을 하는 건가? 어느 누구도 감히 범접하지 못할 정도로 무시무시한 가시들이 나무 몸통에 다닥다닥 붙어있다.

다음은 어느 식물에 대해 오랫동안 가졌던 궁금증이 풀린 이야기이다. 첫 번째 사진(①)에 보이는 것처럼 유카라는 꽃식물이 있다. 잎은 창처럼 날카로워서 그런지, 꽃말도 '접근하지 마세요', '위험'이다. 꽃은 흰색으로 풍성하게 피어서 마치 신부의 부케를 연상하게 한다. 한국에서는 잎에 흰 실 같은 섬유가 보이는 실유카가 많이 보인다.

그런데 뻬루에 와보니 마트에서 식재료로 유까(Yuca)를 팔고 (사진 ②), 식당에서는 음식에 유까를 쪄서 또는 튀겨서 함께 올리기도 한다(사진 ③의 왼쪽 접시에 바나나처럼 보이는 것). 그래서 '도대체 꽃식물 유카의 어느 부분을 먹는 것일까?'라는 의문이 들었다. 유카의 몸통 줄기도 아닌 것 같고, 뿌리는 본 적이 없지만 그것을 먹는다는 말을 들어 본 적도 없었다.

그러한 궁금증은 찬찬마요 지역을 여행하는 동안에 풀렸다. 위 ④번 사진과 같이 길 옆의 밭에 못 보던 식물이 많이 심어져 있길래 꽃 동호회에 질문하니, 카사바(Cassava)라는 답이 달렸다. 그래서 또 카사바를 검색해 보니 그건 에스빠뇰로 유까(Yuca)이며, 꽃식물인 유카(Yucca)와는 스펠링도 달랐다.

그래서 더 찾아보니, 다음과 같이 연결되었다.

유까(=카사바) → 타피오카(tapioca) →
타피오카 펄(tapioca pearl) → 버블티(bubble tea)

버블티 한 사발을 원샷한 것보다도 속이 더 시원했다. 아르키메데스가 에우레카(Eureka) 했듯이, Mambo는 "에우유까!" 했다. 오랫동안 묵었던 궁금증이 풀린다는 것은 이렇게 기분 좋은 희열감을 선사한다. 유까는 지역별로 이름이 다른데 그것을 정리해 보면 이렇다.

- 뻬루 : Yuca (유까)
- 동남아, 아프리카 : Cassava (카사바)
- 빠라과이, 아르헨띠나 : Mandioca (만디오까)
- 브라질 : Manioca (마니오까)
- 메히꼬 (México) : Guacamote (과까모떼)

아마도 가장 흔하고 거의 일 년 내내 볼 수 있는 꽃은 부겐빌레아(Bougainvilea)일 것이다. 담장, 울타리, 공원, 야산 등 거의 장소를 가리지 않고 어디에서나 볼 수 있는데, 원래 덩굴성 관목이지만 이 지역에서는 작은 관목 정도가 아니고 거목으로 자라기도 한다.

꽃 색깔은 붉은색, 분홍색, 노란색, 흰색 등 여러 가지로 보이지만, 사실 그것은 꽃잎이 아니고 꽃받침이며, 진짜 꽃은 그 속에 긴 꽃대와 함께 들어있다. 우리에게 한 송이처럼 보이는 것에는 저런 꽃이 3개씩 들어있다. 꽃받침은 마치 종이와 같은 질감을 가졌기에 종이꽃(Paper flower)이라는 별명도 가지고 있다.

그런데 집 근처에 있는 부겐빌레아는 하나의 가지에 분홍색과 흰색이 함께 피기도 하고, 심지어 한 송이에 분홍과 하양이 함께 보이기도 해서 참 신기하다.

히비스커스(Hibiscus)도 부겐빌레아만큼이나 흔하게 보이는데, 색깔은 붉은색, 분홍색, 주황색, 노란색, 흰색 등 여러가지이고, 모양도 다양하며 홑꽃, 겹꽃이 있다. 이름은 하와이안 무궁화, 덴마크 무궁화 등으로 불리기도 한다. 식물 분류상으로는 '아욱과 〉 무궁화속'인데 그 안에도 여러 가지 종류의 꽃들이 있으며, 한국의 무궁화도 학명에는 히비스커스(Hibiscus syriacus)라는 단어가 들어간다.

해변히비스커스(Beach hibiscus)는 노란색으로 피어서 붉은

색으로 떨어지는 꽃으로서 나무 밑은 마치 동백꽃으로 수놓은 듯하다. 그리고, 같은 아욱과이긴 하지만 별도의 속(屬)에 있는 말바비스커스(Mavaviscus)는 히비스커스와 비슷하면서도 꽃은 활짝 펴지지 않고 원통형 모양이다. 히비스커스나 말바비스커스는 꽃을 말려서 차로도 마시는데, 그 향기가 좋고 약간 신맛이 나서 기분이 상쾌해진다. 가끔 보이는 부용(芙蓉)도 아욱과의 무궁화속이며 학명에 히비스커스라는 단어가 들어가니 같은 부류인 셈이다.

12월 말쯤에 한창 꽃잎을 떨구어서 길바닥을 노랗게 장식하고 Yellow Chrismas를 만들어 주는 나무가 있다. 띠빠(Tipa) 또는 띠뿌아나(Tipuana)라고 불리는 이 나무의 잎은 아까시나무 잎과 비슷하다. 꽃은 진한 노란색이고 향기는 거의 없으며, 열매는 마치 통통한 귓불처럼 생겼다.

그런데, 우리가 흔히 '아카시아'라고 하는 나무의 바른 이름은 '아까시'이다. 아까시의 학명도 수도아카시아(Pseudoacacia)로

서 가짜 아카시아라는 뜻이다.[8] 진짜 아카시아(Acacia)[9]는 여러 종이 있지만, 뻬루에서 본 것은 노랑자귀(Mudgee wattle)와 골든와틀(Golden wattle)이며 모두 호주가 원산지이다. 꽃은 둘 다 미모사 꽃처럼 생긴 노랗고 동그란 모양으로 피지만 자세히 보면 꽃이 약간 다르며, 잎과 열매의 모양은 많이 다르다. 노랑자귀는 잎 모양이 한국의 자귀나무와 흡사한 우상복엽(羽狀複葉)이며, 골든와틀은 버드나무 잎처럼 길쭉한 단엽이다. 노랑자귀는 여름(12월~2월)에 꽃을 피우고, 골든와틀은 겨울(7월~9월)에 꽃을 피우다가 봄철인 10월경에 열매를 맺는다.

---

8 아까시(Robinia pseudoacacia): 콩과 아까시나무속, 미국(원산)

9 아카시아(Acacia): 콩과 아카시아속, 호주(원산)
(학명) 노랑자귀: Acacia spectabilis, 골든와틀: Acacia pycnantha

이 지역에서 일 년 내내 여러 가지 꽃을 볼 수 있다고는 해도, 특히 겨울에 노오란 색깔로 화장솔처럼 동글동글 피어나는 골든와틀은 사람들의 시선을 사로잡기에 충분하다. 골든와틀은 호주의 국화이며, 꽃말은 '통합, 단결'로서 호주 축구선수들의 노란색 바탕에 초록색 무늬의 유니폼도 골든와틀을 의미한다고 한다.

우리가 늘 보던 꽃이나 나무들이 환경이 다른 이곳에서는 또 다른 모습을 보여 주기도 한다. 일 년생 풀로만 알았던 아주까리, 나팔꽃, 샐비어, 제라늄, 목화 같은 식물들이 이곳에서는 풀이 아닌 나무의 모습을 보이는 것도 있고, 화분에서만 봐 왔던 고무나무, 벤자민, 크로톤, 선인장 등이 예상외로 크게 자라는 것을 보고 신기하고 놀라운 생각이 들었다.

어느 날 산책하다가 골목길에서 본 것이 무슨 나무인가 했는데, 잎과 꽃, 열매를 보니 우리가 잘 아는 아주까리 아닌가! 나중에 열매를 까 보니, 어린 시절, 교실 나무 바닥을 광낼 때 쓰던 피마자였고, 그걸 보면서 불현듯 청소시간에 여러 명이 구구단을 외우며 열심히 걸레로 마룻바닥을 문지르던 추억이 떠올랐다.

고무나무 같은 경우에는 아주 거목으로 큰 것도 많고, 거의 3~4층 높이까지 자란 벤자민도 흔하게 보인다. 키만 큰 것이 아니라 옆으로도 아주 풍성한 볼륨감을 자랑하고 있으며, 아래에서 나무를 올려다보면 나뭇가지들이 빽빽하여 하늘이 보이지 않을 정도이다. 반면에 2~3m 크기의 벤자민들은 둥그런 모양, 사각형 모양, 또는 마치 잠망경 모양 등 조경사의 디자인 감각에 따라 여러 가지 모양으로 다듬어져 있기도 하다. 우리가 산책하며 다니는 골목이나 공원에는 벤자민을 예술적으로 다듬어 놓은 곳이 많다. 그런데 뻬루 북부지방[10]을 여행할 때 보았던 벤자민 예술은 리마에 있는 것들보다 한수 위였다.

또한 벤자민에는 동글 동글한 열매가 많이 달리고, 그것이 바닥에 무수히 떨어져 있는 모습도 특이한 광경이다.

이 이외에도 자세히 얘기하고 싶은 꽃들이 많지만, 지면 관계상 몇 가지만 추가로 간단하게 소개하고자 한다.

10 9장의 (꼬스따) 부분에서 소개하는 Zarumilla 사진 참조

▲ 가장 흔하게 보이는 제라늄, 씨앗 갓털이 특이했음

▲ 각양각색의 란타나, 역시 어디서나 많이 보임

▲ 은은한 향기가 좋은 플루메리아(=릴라와디, 독참파)

▲ 포인세티아의 꿀물이 담긴 입술, 그리고 암술, 수술, 열매

▲ 향기 좋은 브룬펠시아(Brunfelsia)는 꽃봉오리 모양이 특이함
(Mambo는 이걸 'ET자스민'이라고 부르기도 함)

▲ 모감주나무의 꽃은 노랑, 열매는 빨강이어서 화려하게 보임

▲ 금관화를 자세히 보면 꽃 송이마다 두 눈을 깜빡이고 있음

▲ 두란타(Duranta)의 꽃과 열매, 나무도 상당히 큼

▲ 골목길을 환하게 밝혀주는 카나리덩굴(속칭 독일아이비)

▲ 골목길을 꽉 채운 천사의 나팔 (붉은색의 유도화 찬조 출연)

▲ 팝콘카시아(Popcorn cassia)의 새 잎은 진짜 팝콘 향기가 남

▲ 티보치나(Tibouchina)는 꽃도 이쁘고, 새로 나오는 잎도 귀여움

그 외 병솔나무, 산호덩굴, 석류나무, 선인장, 야래향, 아가판서스, 크로톤, 홍콩야자, 우산나무(대엽야자), 포장화, 폭죽초, 후추나무(브라질/뻬루), 유도화(협죽도) 등도 흔히 볼 수 있는 것으로, 대부분 Mambo의 블로그[11]에 소개되어 있다.

11 https://blog.naver.com/dansoolman

과일나무 (꽃, 나무, 열매)

과일나무는 집안이나 공원 및 골목길에서도 심심찮게 심어져 있고 탐스러운 열매들이 달리기 때문에, 산책길에서 그런 과일나무의 꽃과 열매를 보는 것도 큰 재미이다. 지금까지 본 과일나무들을 열거해 보면, 망고(mango), 바나나(plátano), 빨따(palta, 아보카도), 빠빠야(papaya), 무화과(higo), 마라꾸야(maracuya, 패션프루트), 뚬보(tumbo, 바바나시계초), 석류(granada), 그라나디야(granadilla), 루꾸마(lucuma), 아구아이만토(aguaymanto, 금땅꽈리), 치리모야(chirimoya), 과나바나(guanabana), 까람볼라(carambola, 별과일), 노니(noni), 뚜나(tuna, 선인장열매), 아세이뚜나(aceituna, 올리브), 빠까이(pacay) 등 매우 많다. 그런데 공원이나 골목길에 있는 것들은 열매가 그냥 땅에 떨어져서 버려지는 것들이 대부분이다. Mambo가 어릴 때는 뭐라도 따 먹으려고 그리 애를 썼는데……

망고(mango)

망고나무의 잎은 밤나무 잎과 비슷하지만 가장자리가 약간 쭈글 쭈글하기 때문에 금방 알아볼 수 있고, 꽃은 다닥다닥 많이 피는데도 열매는 적당한 수량으로 결실을 맺는다. 공원이나 골목에 있는 재래종 망고는 크기가 작아서 사람들의 별 관심을 끌지는 못한다.

바나나 나무(실은 '풀')도 집 안이나 공원에서 심심치 않게 보인다. 바나나 꽃이 피는 걸 보면 참 신기하다. 꽃들은 마치 꼬물꼬물한 아기 손처럼 또는 손가락에 붙은 손톱처럼 보인다. 그리고 붉은 외투처럼 생긴 꽃받침이 한 다발의 바나나를 싸고 있고, 그 아래에는 또 한 다발이 있고…… 붉은 주머니에는 도대체 바나나가 몇 다발이나 숨겨져 있는 건가?

바나나(plátano)

아보카도는 에스빠뇰로 아구아까떼(aguacate)라고 배웠는데, 뻬루에 와 보니 빨따(palta)라고 부른다. 이와 같이 같은 뜻이라도 뻬루에서 사용하는 단어와 에스빠냐에서 쓰이는 단어가 다른 경우가 종종 있다(아래 표 참고).

	아보카도	주스	복숭아	참깨	생강
뻬루	palta	jugo	durazno	ajonjolí	kion
에스빠냐	aguacate	zumo	melocotón	sésamo	jengibre

빨따(palta)

빨따는 식감이 밍밍해서 Mambo는 별로 안 좋아하지만, 아내가 엄청 좋아해서 과일 시장에 갈 때마다 빼놓지 않고 사 온다. 빨따는 몸에 좋은 비타민과 미네랄 성분이 풍부하다고 하여, 뻬루에서는 식재료로 많이 쓰이며 샐러드에는 거의 필수로 들어간다.

빠빠야(papaya)

빠빠야(papaya)는 동남아에서 높은 나무에 달린 것만 봤었는데, 뻬루에서는 우리 화단에도 한 그루가 있기에, 꽃도 관찰하고 열매가 맺히고 익어가는 과정을 볼 수 있다. 연하고 물기가 많아서 그냥 먹어도 좋고 주스를 만들어 먹어도 좋다. 뻬루에서는 제법 인기가 있는 과일이다.

흔히 패션푸르트(passion fruit), 백향과(百香果)라고 불리는 시계꽃과에 속하는 과일에는 몇 종류가 있다. 그중에서, 그라나디야(granadilla)는 Passiflora ligularis, 마라꾸야(maracuya)는 Passiflora edulis로서 학명이 비슷하다. 그러나 이름처럼 백 가지 향이나 맛이 나는 건 아니다. 그라나디야는 신맛이 없고, 개구리 알 같은 씨앗이 오도독 오도독 씹히는 식감이 재미있다. 반면, 마라꾸야는 노란색 알맹이가 무척 시어서 먹을 때 눈이 저절로 감긴다. 그건 역시 주스로 먹는 게 답인 것 같다.

루꾸마(lúcuma)는 밤고구마처럼 약간 퍽퍽하긴 하지만, 맛이 달콤하며 향기가 좋다. 게다가 칼로리가 낮아 당뇨병 환자의 식단 관리나 다이어트 과일로 적당하다. 그래서 여자들이 대체로 좋아하는 것 같다. 기회가 되면 루꾸마 주스(jugo de lúcuma con leche)의 맛에 한번 빠져 보시라.

혹시 꽈리를 드셔 본 적이 있는가? 아마 시골에서 자란 분들은 어릴 때 빨간 꽈리 맛을 본 경우가 있을 테지만, 일부러 찾아서 따 먹을 정도로 인기가 있는 과일은 아니었다. 그런데 뻬루에서는 노란 금땅꽈리(aguaymanto)가 시장에 많이 나와 있는데, 몸에 좋은 필수 아미노산과 식이섬유가 많다고 하여 인기가 높

다. 이름이 좀 길고 어려워 보여서 그 단어를 뜯어보니, 'agua y manto'였다. 그건 '물과 망토'라는 뜻이니, 열매에 물기가 많고 껍질이 망토처럼 보여서 그렇게 부르는 걸까? 라고 재미있게 생각했다.

치리모야(chirimoya)와 과나바나(guanabana)는 모양이 매우 유사한데, 둘 다 과즙이 풍부하고 맛이 달콤하며 부드럽다. 과일 표면에 가시가 없는 것이 치리모야이며, 과나바나보다 맛이 더 부드럽다. 치리모야는 뻬루 및 중남미 안데스산맥의 고원지대가 원산지이다. 과육이 말랑하게 익으면 정말 달콤하고 부드러워서 한번 먹어 보면 그 매력에 빠지게 된다. 마크 트웨인(Mark Twain)도 1866년 Sacramento Daily Union에서, 치리모야를 '인간에게 알려진 가장 맛있는 과일'로 묘사했다. 어떤 사람들은 바나나, 파인애플, 빠빠야, 딸기 맛이 함께 어우러진 맛이라고 한다.

까람볼라

까람볼라(carambola)는 흔히 별과일(star fruit)이라고도 하는데 꽃이 앙증맞게 작고 이쁘다. 열매가 작은 별처럼 맺혀서 점점 커가는 모습이 귀엽다. 그런데 이 과일은 매우 시기 때문에 그냥 입에 넣었다가는 오만상을 찡그리다가 아마 곧 뱉어 낼 것이다. 그래서 보통은 주스로 만들어서 마신다.

노니(noni)

노니(noni)는 한국에도 이미 잘 알려져 있고, 분말이나 과립 형태의 제품도 많이 나와 있어서 특별히 설명이 필요 없을 듯하다. 직접 나무를 보니 꽃은 작고 귀여운데, 열매 모양은 울퉁불통 재미있는 곰보 모양이다.

선인장들은 종류가 많지만 하나같이 꽃 색깔이 곱고 이쁘다. 열매는 뚜나(tuna)라고 부르며 꽃자리가 깊게 패인 컵 모양을 가진다. 껍질을 까면 촉촉하고 붉은색 열매가 보이는데, 실제 먹어보니 밍밍한 맛이다. 뻬루 사람들은 그냥도 잘 먹지만, 스무디, 디저트, 샐러드로 먹기도 한다.

올리브(olive)는 기름도 짜고 짭짤하게 절여서 음식에 곁들어 먹기도 하는 식재료인데, 실제로 꽃과 열매를 본 것은 처음이었다. 가을에 열매가 까맣게 익으며 나무 밑으로 많이 떨어지기에, 조금 따 가지고 와서 집에서 직접 절이고 숙성시켜서 먹어봤다.

그랬더니 마트에서 사다 먹는 것처럼 짜지도 않고 훨씬 맛이 있기에, 이제는 산책할 때마다 조금씩 따와서 직접 담가 먹는다.

빠까이(pacay), 이름도 재미있지만 먹는 것도 재미있다. 큰 깍지를 열어서 하얀 솜 같은 속껍질을 먹는데, 씨앗을 싸고 있는 촉촉한 속껍질이 부드럽고 달콤해서 신기한 경험이 된다. 마치 어릴 때 목화 열매 속을 먹었던 것처럼 말이다. 그런데, 빠까이 씨앗은 깍지 속에 습기가 많아서 그런지 이미 싹이 튼 경우가 대부분이다.

지금까지 집 안이나 동네 길가에서 흔히 볼 수 과일들의 꽃과 나무를 몇 가지 소개했는데, 마트에서 잘 다듬어진 과일을 보는 것과는 느낌이 다르지 않은가? 어린 시절을 시골에서 보낸 분들은 밭에서 오이나 토마토를 따서 옷에 슥슥 대충 문질러서 먹거나, Mambo처럼 배나무, 밤나무에 올라가 열매를 따 본 경험이 있을 것이다. 그리고 뽕나무에 달린 오디도 많이 따 먹어 봤을 것이다.

의외로 뻬루에는 길가나 공원에 뽕나무가 많이 보이는데, 뽕잎이 크고 풍성해서 누에를 치면 참 좋겠다는 생각을 하게 된다. 그러나 뻬루에서는 누에 기르는 걸 보지 못했다. 게다가 여기서는 애나 어른이나 오디에 별로 관심이 없어서 대부분 바닥에 떨어져서 뒹군다. 아깝다는 생각이 들지만, 맛있는 과일이 많은데 오디 같은 것에 눈길이 가겠나? 그런데, 어느 날 길에서 오디를 따 먹으며 데이트하는 연인 한 쌍을 봤는데 참 보기 좋았다. 님도 보고 뽕도 따고? 아니, 님과 함께 오디도 따고!

과일은 아니지만 길에서 보던 열매가 일상생활에서 활용되는 걸 발견하고 '아, 저거였구나!' 했던 적이 있다. 어느 날 마트에

서 요구르트를 사 왔는데, 요구르트 병의 그림을 보고 얼핏 블루베리가 들어간 줄 알았었다. 그런데 'Saúco'라고 쓰여 있기에 인터넷을 찾아봤더니, 바로 캐나다딱총나무(Sambucus) 열매였다. 한국에서도 본 적이 있고 여기에서도 가끔 보는 나무인데, 바로 그 열매였던 것이다. 단순히 꽃과 열매의 이름만 아는 것보다는, 그 식물이 이미 우리 생활 깊숙이 들어와 있음을 발견한 즐거운 경험이었다.

주변 동물들

빼루에서는 사람이 가까이 가도 동물들이 도망가는 경향이 심하지 않다. 개들이 다른 개를 보면 짖기도 하지만, 사람을 향해 짖는 개는 많이 보지 못했다. 물론 집에 있는 개들은 갇혀 있어서 그런지 가끔 짖는데, 한 마리가 짖으면 옆집 개도 짖고, 그래서 골목이 시끄러울 때도 있다. 개들이 잘 짖지도 않고 사람들을 잘 따르며, 경계하거나 겁도 내지 않고 가까이 오는 이유가 뭘까? 어떤 한국 사람이 해석하기를, 빼루에서는 개를 잡아먹지 않아서 그런거 같다고 했는데, 맞는 말이다. Mambo가 어렸을 때, 가장 많이 불렀던 대표적인 개 이름은 도꾸(dog), 베리, 배쓰, 워리, 쫑이었다. 그때 개들은 애완용이라기보다는 대체로 경비용이나 식용이 목적이었으니, 애완용이면서 가족으로 대접받는 요즘 개들은 팔자가 피었다고 할 수 있다. 특히 빼루 개들은 그렇다.

그렇게 뻬루 개들은 경비할 일도 없고, 먹고 나면 편하게 쉬거나 잠만 자기 때문에 돼지처럼 뚱뚱한 것들이 많다. 꽃밭에 들어가서 누워도 별 제재를 받지 않고, 행사 때 개가 어슬렁거려도 쫓아내는 걸 본 적이 없을 정도로 대부분의 개들은 사람들로부터 꽤 우대를 받는 것 같다. 집 안에 있는 개들은 창살 밖으로 머리를 내놓고 지나가는 행인들을 구경하기도 한다.

동네에서 흔히 보는 풍경이 있는데, 개가 우아하게 똥을 누고 나면, 기다리고 있던 개 주인이 개똥을 정성껏 봉지에 주워 담고, 개는 그것을 기특하다는 듯이 쳐다본다. 하지만, 개똥을 치우는 것도 동네 수준에 따라서 그냥 방치되는 경우가 있으니, 잔

디밭을 걸을 때는 바닥을 잘 살피는 것이 좋다.

겨울이라고 해도 그리 춥지도 않건만, 개들은 보온용 덮개를 입고 다닌다. 어느 날, 동네를 산책하다가 깨달을 오(悟)자가 써진 옷을 입고 다니는 개를 보고 웃음이 나온 적이 있다. 그리고 오랜 시간 집 안에 있는 개들을 운동시켜 주는 아르바이트도 있어서, 한꺼번에 개 여러 마리를 끌고 다니는 모습을 심심치 않게 볼 수 있다.

뻬루의 개 중에 특이한 종이 하나 있는데, 그 특징을 보면 주둥이와 꼬리를 제외하면 털이 거의 없고 피부 전체가 맨질맨질하다. 그 품종을 부르는 이름도 여러 가지 있지만, 주로 무모견(Perro sin pelo), 비링고(Viringo), 또는 잉까견(Perro inca)이라고 부른다.

어느 날 흰 강아지 한 마리가 머리에 하늘꽃(Plumbago)을 잔뜩 붙이고 골목길에 나타났다. "나 이뻐?" 하는 웰컴투 동막골 강아지인가? 얼마나 꽃 속을 헤집고 다녔길래 저럴까? 하며 귀여운 생각이 들었다.

한국에서는 요즘 애완용 고양이가 점점 늘어나고 있지만, 뻬루에서는 아직 개가 훨씬 많고 고양이는 가끔 보인다.

그런데 어느 공원에는 새끼 고양이들이 굴 속에 들어 있거나 또는 떼로 살기도 하는데, 동네 사람들이 먹을 것을 공급해 주고 있었다. 집에서 애완용으로 기르는 고양이들도 있고, 공원에서 대접받는 길고양이도 있는 것이다. 다른 길고양이들도 수준있게 꽃밭에서 논다.

청설모가 나무를 타거나 열매를 먹는 모습은 자주 봤지만, 말바비스커스 꽃을 따 먹는 모습은 참 신기했다. 배가 많이 고팠을까, 아니면 꽃향기를 아는 청설모일까? 하여튼 청설모가 이 나무에서 저 나무로 옮겨 다니고 전깃줄을 타기도 하는 걸 보면 어디서나 기어오르기, 점프하기, 줄타기 재주꾼인 것 같다.

뻬루는 개들만큼이나 새들에게도 천국이다. Mambo가 어릴 때 한국에서는 어떡하든 참새라도 잡아먹을 궁리를 했고, 어른들은 꿩을 잡기 위해 싸이나(청산가리)를 넣은 콩을 들에 뿌리기도 했고, 새를 잡기 위해 공기총을 들고 다니던 사람들도 많았다. 하지만 여기 뻬루에서는 새들을 전혀 귀찮게 하지 않는다. 오히려 빵이나 음식 찌꺼기 같은 것을 뿌려 주기는 하나, 잡아먹을 생각 같은 건 전혀 안 한다. 음식재료로서 닭은 엄청나게 소비하는데, 다른 야생조류는 거들떠보지도 않는 것이 이상할 정도이다. 그러니 공원이나 길가의 새들도 사람이 가까이 가도 날아가지 않는다. 새벽부터 찌익 찌익, 짹짹하는 새소리를 들으며 잠을 깨고, 산책을 할 때에도 늘 청명한 새소리에 기분까지 상쾌해진다.

빼루 새들 가운데 가장 인상적인 것은, 겉모양은 까마귀 비슷하고 크기는 직박구리 정도인 빼루지빠귀(Tordo Peruano)이다. 그 소리가 아주 맑고 청아해서 겉모습과 어울리지 않을 정도이며, 아침에 잠을 깨면 그 새소리에 하루를 기분 좋게 시작할 수 있다. 또 참새만 한 크기의 황금방울새(Boton de oro, Jilguero)는 노란색이 고와서 눈에 잘 띄며, 가까이 가도 잘 날아가지 않아서 더 이쁘다. 반면 몸통이 빨갛고 날개가 검은 유럽울새(Petirrojo)는 가만히 있지 않고 포르륵 포르륵 날아다녀서 사진 찍기도 어렵다. 비둘기 중에서 몸집은 한국 비둘기보다 좀 작고, 마치 보라색 아이섀도우로 눈 화장을 한 것처럼 보이는 것도 있다. 그리고 소리도 듣기 좋고 구경하는 재미도 있는 새가 있다. Mambo가

팔딱새라고 이름 붙여준 Saltapalito는 찌직하면서 팔딱 뛰고 찌지직하면서 또 팔딱 뛴다. 벌새(Colibrí)는 이꽃 저꽃을 부지런히 뒤지고 다니기에 Picaflor라는 별명으로도 불린다. 사전에 picaflor가 바람둥이라고도 나오는데, 참 잘도 갖다 붙였다는 생각이 들었다.

공원에 있는 자라 또한 사람이 가까이 가도 별로 미동도 하지 않아 재미가 없을 정도이고, 다른 동물들도 사람에 대한 경계심이 크지 않다. 그런 걸 보면, 자연환경이 그리 각박하지 않고 단어 그대로 자연스러워서 좋다.

바닷가에 나가서 산책을 하던 어느 날, 애들이 작은 초록색 앵무새(loro) 두 마리를 가지고 놀고 있어서 말 몇 마디를 나누었다. 그러다가 외국인인 Mambo가 신기해 보였는지 아니면 장난을 치고 싶었는지, 애들이 앵무새를 어깨 위에 척 올려놓았다. 앵무새들은 Mambo 어깨에서 놀다가, 머리로 올라가고, 모자도 물어뜯곤 했다. 그러니 애들은 앵무새 하는 짓과 Mambo의 난감해 하는 표정을 보며 깔깔거리고 즐거워했다. Mambo 역시 즐거운 시간을 가졌음은 물론이다.

우리가 동물원에서 흔히 보는 앵무새는 '로로(loro)' 앵무새보다 좀 크고 화려하며 보통 빠빠가요(papagayo) 또는 과까마요(guacamayo)라고 불린다. 부리의 위쪽은 흰색, 아래쪽은 검은색, 뺨은 흰색, 몸통은 붉은색, 그리고 날개는 노란색에서 점차 녹색, 파란색으로 이어진다. 또한 몸통이 노란색이며 날개가 청색인 것도 있다.

공원에서는 달팽이(caracol)들이 엄청 많이 보인다. 나무, 꽃, 풀 등에 많이 붙어 있는데, 그렇다고 초목의 습도가 높은 것도 아닌데 저렇게 달팽이가 많은 것은 왜일까? 아마도 농약을 뿌리지 않고 자연적으로 공원을 관리하기 때문인 것 같다. 그런데 마트에서 달팽이를 식용으로 팔고 있어서, 두어 번 사다 먹어봤는데 제법 먹을 만했다. 어릴 때 우렁이는 여러 번 먹어봤지만 달팽이라는 이름으로는 여기에서 처음 먹어봤다. 하지만 마트나 어물전 시장에서 팔고 있는 달팽이들은 공원에 있는 게 아니라 바다에서 나온다고 하며, 우렁이와 크게 다르지 않다.

리마에서는 벌레가 그리 흔하지 않은데, 어느 날 공원 나무에 붙어 있는 알록달록한 벌레를 보았다. 곤충 전문가에게 확인해 보니 모나크(Monarch) 왕나비 애벌레라고 했다. 나중에 포인세티아(Poinsettia)에 앉아서 꿀을 빠는 나비를 본 적이 있는데, 그것이 모나크 왕나비(또는 제왕나비)였다. 무늬와 색깔이 아주 매력적이었다 (8장에 모나크 왕나비 키워 본 얘기 참조).

리마와 같은 꼬스따 지역은 사막성 기후이기 때문에, 벌레도 많지 않고 파리, 모기도 거의 없다. 물론 동네에 따라 약간의 차이는 있지만 모기가 적은 이유는 아마 비가 거의 오지 않고 물웅덩이나 도랑 같은 게 별로 없기 때문일 것이다. 하지만 열대우림 기후인 셀바(selva) 지역으로 가면 원 없이 모기에 물릴 수 있다. 땅 덩어리가 크니 온도 분포, 자연환경, 생활환경도 참 다양하다.

7

한국과 다른 점들

지구 반대편 뻬루에 와서 새로운 환경에서 살아보니, 거의 모든 게 다르고, 이상하고, 신기하다. 그런 것들을 관찰하고 생각하는 것도 새로운 곳에서 살아가는 재미이다. 앞에서 이야기 한 것들이 대부분 한국과 다른 점들이지만, 여기에서는 특이한 몇 가지를 더 소개해 본다.

행정 및 서비스 불편

뻬루에서의 민원 처리 및 서비스 속도는 매우 느리다. 거리를 걷다 보면 신분증 발급기관(RENIEC), 이민청(Migraciones), 은행, 통신사 앞에는 줄이 길게 늘어서 있는 것을 볼 수 있다.

한국에서는 공공기관, 은행, 통신사 등에서의 업무처리가 빠르고, 인터넷이나 전화로 민원을 신청해도 처리가 잘 되니, 직접 현장에 나살 필요가 그리 많지 않고, 줄 서서 기다리는 수고도 많지 않다. 하지만 뻬루에서는 인터넷이나 전화로는 업무처리가 잘 안되니, 사람들이 공공기관, 은행, 통신사에 직접 찾아갈 수밖에 없다. 게다가 오랫동안 줄을 서서 기다리고, 요구사항 및 불편사항 등을 해결하느라고 고생을 한다.

우리의 경험으로도 집에 인터넷 설치를 신청했는데 13일 만에야 기사들이 왔다. 그리고 나중에 이사를 가면서 그것을 미리 통신사에 알렸지만 무선공유기를 수거하러 오지도 않았다. 그래서 공유기를 수위실에 맡겨놨지만, 역시나 예상대로 그마저도 찾아가지 않았다. 또한 여권의 비자 스탬프 받는데도 거의 한 달이나 걸린 적이 있다. 물론 이런 것들은 인터넷이나 전화로 해결할 수 없는 것들이지만, 한국의 경우에는 그렇게 오래 걸릴 일도 아니기에 여기서는 뭣 땜에 그리 많은 시간이 걸리는지 의아했다. 어쩌면 앞에서 소개한 육체노동자들의 근면함에 비하면, 사무실 노동자들의 태만함이 크거나 문서 처리 과정에서의 불

필요한 지연이 많지 않을까 하는 의문이 있었다.

그런데 Mambo가 근무했던 기관에서의 업무처리 과정을 관찰해 보니, 거의 모든 단계에서 변호사의 확인과 조언, 서명이 들어갔다. 한국에서는 특별한 경우를 제외하고는 업무 담당자의 판단과 상사의 결재에 따라서 의사결정을 하고 빠르게 업무처리를 하는데, 뻬루에서는 그렇지 않았다. 다른 사람들을 믿지 못하고, 혹시라도 문제가 있을 경우에 책임을 지지 않으려고 하니, 매사에 변호사를 통해서 법률/규정을 검토하는 등 번거로운 과정을 거치는 것이다.

시외버스 타는 데도 신분증

한국에서는 승차권만 있으면 기차나 시외버스를 타는데 별다른 절차가 필요 없다. 신분증을 제시할 필요가 없음은 물론이고, 기차를 탈 때에는 승차권 검사 절차도 없이 간편하게 승차하기도 한다. 그런데 뻬루에서는 시외버스 탈 때에도 승차권과 함께 신분증을 제시해야 한다. 그것도 원본 신분증이어야 한다는 쓰라린 경험을 한 적이 있다.

우리가 뻬루에 도착한 후 두어 달 지나서, 나른 도시로의 주말여행 계획을 짜고 버스, 호텔 예약을 했는데, 출발할 때까지 외교부에 제출한 여권을 되돌려 받지 못했다. 그래도 여권 사본이 있으니 별문제 없으려니 생각하고 터미널에 나갔다. 그런데 막상 버스터미널에 나가서 검표 요원에게 승차권과 여권 사본을 제시하니, 그걸로는 승차할 수 없다고 하는 것 아닌가? 그게 뭐가 문제냐고 항의하며 옥신각신하다 보니, 버스회사 책임자가 나왔다. 그래서 그에게 폰에 저장돼 있는 여권까지 보여줬지만, 그것으로는 버스를 탈 수 없고 원본이 있어야 된다는 것이었다. 비행기를 탈 때야 여권 또는 신분증을 확인하고 수하물까지 X-ray 검사를 한다고 하지만, 몇 시간짜리 시외버스를 타는데 그렇게까지 하다니, 참으로 황당하고 기가 막혔다. 승차권 예약 시에 입력된 승객명과 신분증 번호를 여권 사본과 비교해 보기만 해도 본인 확인이 충분할 텐데……

아마도, 앞에서 소개한 보안/철책처럼 타인을 별로 신뢰하지 않는 사고방식 때문에 그런 고지식한 절차를 고집하는 것 같았다. 결국 버스를 타지 못하는 바람에 버스표도 날리고 호텔 예약한 것도 취소가 안 되어서, 아까운 돈을 날리고 가슴도 쓰렸지만 뾰족한 수가 없었다. 여기는 뻬루이니까 뻬루 법에 따를 수밖에 없었지만, 인간들이 기계적으로 원칙만 고수하고 합리적인 판단을 하지 않으면 세상이 얼마나 삭막한지 절감했다. 한국을 떠나올 때는 혹시라도 여권 사본이 필요할 수도 있을 것 같아서 몇 장을 컬러 인쇄해 가지고 왔지만, 지금까지 그걸 요긴하게 써 본 적이 없다. 뻬루에서는 원본 밖에 인정하지 않기 때문이다. 아마 남미의 다른 나라에서도 마찬가지일 거라고 생각된다.

시내 교통

리마 시내에는 여러 종류의 시내버스가 있는데, 일반 시내버스들은 현금을 받으며, 거리에 따라 요금이 다르고, 돈 받는 차장이 동승한다. 소형 버스의 차장들은 남자들이 대부분이며 행선지를 외치며 호객을 한다. 교통카드를 사용하는 시내버스들의 요금은 거리에 상관없이 동일하며, 전용차선을 달리는 메뜨로뽈리따노(Metropolitano)는 교통체증이 없어서 좋지만 너무 붐벼서 승차하기가 힘들 때가 많다. 교통카드를 사용하는 버스는 일부 대형버스에 국한되는데, 아직 버스 간에도 무료 환승이 안되므로 다시 카드를 찍어야 한다. 모또 딱시(moto taxi)도 주요 교통수단 중의 하나로서 일반 택시보다 저렴한 가격으로 탈 수 있다. 그러나 주로 단거리 운행을 하며, 중심 지역 및 일부 지역에서는 운행이 제한되기도 한다.

경찰, 소방관, 신체장애자는 버스 요금이 공짜이다. 그리고 버스에는 노약자석이 있어서 비워두는 경우가 많고, 그 자리가 아니더라도 노인들이나 몸이 불편한 사람들에게는 자리를 잘 양보한다. 젊은 사람이 눈치 없이 노약자에게 자리를 양보하지 않은 경우에, 연세 많은 노인이 한마디 훈계를 하면서 자리 양보를 요구하는 경우도 보았다. 빈자리가 생기면 남자들은 그대로 서서 가고 대체로 여자들이 앉도록 한다.

리마 시내에는 전철 1개 노선이 있고, 새로이 2호선이 건설되고 있다. 그래도 1호선이 남쪽 서민 지역에서 중심 지역을 경유하여 북쪽의 서민 지역으로 연결된 것을 보면 노선계획은 잘 된 것 같다. 지하 구간은 없고 모두 지상철인데, 교통체증이 없고 차내가 깨끗하여 양호한 교통수단이라고 생각된다. 이런 전철망이 더 확충된다면 출퇴근 시간에 교통체증이 많이 개선될 것 같다.

그런데 어느 날 아침 출근시간에 전철을 타다가 이상한 모습을 발견했다. 전철을 타려는 사람들의 줄은 길게 늘어섰는데 그게 좀처럼 줄지 않아서 웬일인가 궁금해서 앞으로 가 봤다. 그랬더니 카드를 찍고 들어가는 입구에 신호등이 있는 것 아닌가?

어째서 신호등으로 승객들의 입장을 통제할까? 한편 그런 와중에도 별도의 출입구가 있어서, 노약자들은 신호등과 관계없이 상시 들어갈 수 있었다(장애자, 임신부, 60세 이상, 5세 이하의 유아 동반자, 12세 미만 어린이 등). 녹색 신호등이 켜질 때를 기다려서 들어가 보니 승차장은 한산했다. 오히려 다들 바깥에서 줄 서서 기다리게 하지 말고 좀 더 들여보내도 좋을 것 같았다. 이 모습을 서울 지하철(교대역, 2018/11/29)과 비교해 보았는데, 서울은 퇴근시간이었기 때문에 승차장이 사람들로 가득 차서, 지하철을 타기는커녕 옴짝달싹 움직이기도 어려웠다. 이런 각각의 교통제도에는 서로 간에 장단점이 있을 텐데 독자들은 어떻게 생각할지 궁금하다. 어떤 게 더 나은가? 서로 간에 배우고 취할 점은 없는가?

교통상황 및 운전습관

리마의 교통상황은 아주 나쁘다. 도로 자체가 그리 나쁘지는 않지만, 차량이 워낙 많고 교통수요를 분산시킬 만한 우회 교통수단(예: 전철)이 많이 갖춰져 있지 않으니, 매일매일 교통체증이 상존한다. 그렇기 때문에 교통경찰(주로 여자)들은 차량 소통 위주로 수신호를 하여, 오히려 보행자들이 불편을 겪는 경우도 많다. 그래도 여자 경찰들은 뇌물도 받지 않고 성실하게 근무한다는 이미지가 있어서 신뢰를 받는다.

도로에서의 상황은 개선할 점이 많다. 매연을 뿜는 노후 차량들이 많아서 뒤에서 따라가다 보면 매캐한 냄새를 맡을 수도 있는데, 택시를 탄 경우라면 아예 미리 창문을 닫아 달라고 하는 게 좋다. 한국처럼 매연 차량을 단속하면 좋을 텐데 환경청 인력이나 경찰력이 거기까지는 미치지 못하는 것 같다.

또 다른 문제는, 운전자들의 운전습관이 별로 좋지 않다는 것이다. 표지판이나 경고문에는 아무리 양보를 하라고 쓰여 있어도 양보는 좀처럼 하지 않고, 경적을 울리지 말라고 해도 툭하면

빵빵거린다. 또한 차선을 무시하거나 끼어드는 것은 아주 예사이고, 심지어 안쪽 차선에서 우회전을 하거나 바깥 차선에서 좌회전을 하느라고 직진 차량을 가로지르는 위험한 상황도 많이 여러 번 봤다. 보행자 신호가 들어와도 운전자들이 그걸 무시하고 달리는 경우도 허다하다. 이런 때는 보행자들이 안전하게 길을 건널 수 있도록, 신호를 무시하는 운전자들에 대한 통제가 필요해 보인다. 그래야 운전자들의 습관도 달라질 텐데, 경찰들은 신경을 안 쓰고 사람들은 그저 무법 자동차들이 지나가기를 기다리는 등 너무 순종적이다.

그런데 요즘에는 많이 달라진 걸 느끼기도 한다. 신호등이 있는 큰 길에서는 여전히 예전의 운전 모습을 보지만, 신호등이 없는 이면 도로에서는 오히려 보행자에게 양보를 하는 경우를 많이 보게 된다. 어떤 때는 먼저 가라고 차에게 손짓을 해도, 우리가 건너가기를 기다리는 고집스러운 모습을 보이기도 한다. 그럴 때는 뻬루의 수준이 많이 높아졌다는 생각이 들면서 미소가 나온다.

우리가 리마에서 두어 달 생활해 보고 나서, 리마에서의 운전은 참 배울 게 많다는 우스갯소리를 한 적이 있다.

우스개 썰

뻬루에서 배우는 운전 습관

- 급가속, 급정거는 운전의 기본이다.
  (언제라도 차를 팍 세울 수 있어야 한다)
- 가능한 한, 앞 차에 바싹 붙는다, 다른 차가 못 끼어들도록.
- 그러나, 나는 다른 차들 사이로 잽싸게 끼어든다.
- 깜빡이를 켜지 말라. 눈치채고 안 끼워줄까 두렵다.
- 차선을 자유자재로 넘나들어야 진정한 고수다.
- 빵빵 경적을 많이 사용한다. 자기 스스로에게 보내는 경고이기도 하니까.
- 우회전은 안쪽 차선에서도 불쑥하고, 좌회전은 바깥 차선에서도 과감하게 한다.

오죽하면 저런 생각을 했을까마는, 그런데 이상한 것은 운전 습관이 과격한 것에 비해서 교통사고는 별로 본 적이 없다. 아마 다들 언제 어떤 상황에도 대처할 준비를 하면서 철저한 방어운전을 하기 때문인 것 같다.

누구든지 경험하는 것이, 서로 양보하는 운전 문화 속에서는 나 자신도 양보하게 되는데, 각박한 운전 환경에서는 나도 모르게 한 통속이 되어 남들과 같은 나쁜 운전 태도를 갖게 되는 것 같다. 그래도 빵빵거리는 건 전체 상황을 감안하기도 하고 앞차들의 형편이 어떤지를 알고 해야 하는데, 무조건 눌러대는 것이 한심하다. 그러므로 대로변의 아파트는 늘 소음에 시달린다. 앞차에 대한 인내심 없이 빵빵거리는 것은 똘레랑스(tolérance)가 부족한 것 같고, 그렇게 경적을 눌러 대도 참는 시민들은 똘레랑스가 풍부한 것 같기도 하니, 참으로 아이러니하다.

그렇다면 앞에서 얘기했던 똘레랑스의 의미를 여기서 다시 생각해 보자. 자신과 달리 생각하며 달리 행동하는 타인을 제지할 능력이나 욕구가 있음에도, 그걸 참거나 타인을 수용하는 것은 똘레랑스라고 할 수 있다. 반면에 자기 자신이 그런 파워나 욕구가 없을 때, 타인을 용인하는 것은 똘레랑스라고 하기 어렵다. 그건 할 수 없이 받아들이는 것일 뿐이다. 그러므로 전문 조사기관의 똘레랑스 지수도 전적으로 신뢰하기는 어려운 점이 있다. 예를 들어, 중국 사람들은 자기 이익에 관계되는 일이 아니면 남들에 대한 관심이 없다. 교통사고가 나거나 싸움이 일어나도 적극 개입해서 도와주거나 해결하려는 경우는 아주 드물다. 자기와 상관없는 일에는 그저 구경이나 하는데, 그런 정도의 무관심을 똘레랑스라고 할 수는 없지 않은가? 그럼에도 중국의 똘레랑스 지수는 65%로 2위에 랭크되어 있다.

여론조사나 앙케트(enquête)라는 것이 원래 질문하는 문구에 따라서 결과가 달라지고, 사람들이 얼마나 성의있게 답변하느냐에 따라서도 결과의 차이가 크기 때문에, 그냥 그러려니 하고 가볍게 참고하고 넘어가는 게 좋다. 그럼에도 불구하고 한국의 경우 똘레랑스 지수가 거의 최하 수준에 속하는 것은 어느 정도 이해가 되기도 한다. 남북이 갈려서 싸우고, 동서가 싸우고, 각종 정파와 이해 단체들이 서로 싸우는 모습을 하도 지겹게 봐왔기 때문이다. 이젠 제발 그만 싸우고 국가적인 역량과 에너지를 모아서 세계 최고 수준의 나라가 되었으면 좋겠다.

리마에서는 자가용 영업이 횡행한다. 우버택시 같은 것은 공식적으로 차량 공유 영업을 하는 것이지만, 자가용, 꼼비(combi) 등이 버스정류장으로 몰려들어서 빵빵거리며 호객을 한다. 그런 무면허 합승 영업은 불법으로 규정되고 방송에도 가끔 보도가 되지만 근절될 기미가 보이지 않는다. 그것도 어차피 교통 수요의 일부분을 담당하고 있으니 어쩔 수 없다 치더라도, 그런 영업을 조용하게라도 하면 그나마 좋을 텐데, 시끄럽게 빵빵거리고 다니는 건 공해 수준이다. 그러나 경찰이 그런 걸 단속하는 건 보지 못했다.

삐루에는 오래된 고물차들이 많은데, 그런 차들이 도로를 달리는 것도 신기하다. 그리고 빵구가 난 고물차들을 다시 살려서 타고 다닐 것 같지도 않은데, 어째서 집안에 모셔 두거나 골목길에 방치할까? 그 이유를 생각해 보니 두 가지로 요약된다.

하나는 자동차 세금인데, 한국처럼 보유하는 기간 내내 세금을 내는 게 아니라 3년만 내면 된다. 그러니 고물차를 그냥 두어도 세금 부담은 없으니 그리 신경 쓸 것도 없을 것이다. 또 하나는 폐품 재활용 사업이 별로 없다는 것인데, 자동차나 철강 등 전후방 산업이 변변하게 없으니 고물 자동차를 모아서 재활용하는 사업도 활발하지 못한 것 같다. 그러므로 환경보호, 공기질 향상, 자원 재활용 차원에서라도 제도 개선이 이루어져야 할 것 같다. 한국에서처럼 차량 소유 기간 내내 세금을 부과하고, 매연을 단속하며, 재활용 사업을 권장하면 여러 가지 문제가 해결될 것 같다.

학교 과정

빼루에서의 학제는 Primaria(초등) 6년, Secundaria(중등+고등) 5년, Universidad(대학) 5년제로 구성되어 있다. 대학교는 대부분 넓은 캠퍼스를 가지고 있으며, 단과 대학별로 여러 곳에 캠퍼스가 분산되어 있기도 하다. 반면, 건물 한두 개로 운영되는 대학도 있으며, 초등학교와 중고등학교는 대부분 운동장 없이 단일 건물에서 운영된다. 게다가 초등학교와 중고등학교가 함께 운영되는 곳이 대부분이고, 유치원(Inicial, 2세~5세)이 같이 운영되기도 한다. 따라서 아이들은 학교 수업 후에, 동네 운동장에서 별도의 클럽 활동으로 배구, 농구 등을 하거나, 소규모로 축구, 롤러블레이드 등의 개인교습을 받기도 한다.

그런데 초등학교와 중고등학교를 지칭할 때는 영어의 college(단과 대학)와 비슷한 colegio(꼴레히오)라는 단어를 사용하며, 단과 대학을 지칭할 때는 facultad(파꿀땃)이라고 한다.

UIT(과세단위)

빼루에는 세금, 등록금의 금액을 표시할 때 또는 벌금, 범칙금, 과태료 등을 부과할 때 사용하는 과세단위 UIT('우이떼', Unidad Impositiva Tributaria)가 있다. 1 UIT가 얼마인가는 매년 새로 정해지는데, 이것만 봐도 물가 상승추세를 알 수 있다.

2019년	2020년	2021년	2022년	2023년
4,200솔	4,300솔	4,400솔	4,600솔	4,950솔

아래 사진의 경고문은 개똥을 치우지 않으면 10% UIT, 개에게 목줄을 착용하지 않으면 50% UIT에 해당하는 벌금이 부과된다는 것이다. 저런 공지문, 경고문은 각 구청별로 길거리나 공원에 많이 게시되어 있다. UIT에는 이미 인플레이션 효과가 반영돼 있으므로, 일반 화폐 단위(솔)로 벌금을 표시할 경우와 달리 경고문의 벌금 액수를 해마다 바꿀 필요가 없는 것이 UIT의 효용성이다.

개똥 벌금=10% UIT
목줄 벌금=50% UIT

그런데 개똥을 까까(caca) 또는 뽀뽀(popo)라고 하니, 한국에서 아기들이 이뻐서 까까도 먹이고 뽀뽀도 해 준다는 걸 생각하면 괜히 웃음이 나온다. 참고로 개 목줄이나 허리띠를 꼬레아(correa)라고 하는데, 한국을 지칭하는 꼬레아(Corea) 발음보다는 혀를 더 또르르 굴려야 한다.

기타 다른 점

① 공식적인 경우에는 이름 앞에 Sr.(세뇨르=señor), Sra.(세뇨라=señora)라는 존칭을 붙이지만, 비공식적이거나 친밀한 사이에서는 이름을 부른다. 연장자를 부를 때도 마찬가지여서, 동생이 형이나 언니 이름을 거리낌 없이 부르고, 자식들이 부모 이름도 부르며, 심지어 며느리가 시아버지 이름을 부르기도 한다. 얼마 전 주인집 모임에서 호칭에 대한 얘기를 하다가, '한국에서는 동생이 형 이름을 안 부른다. 며느리가 시아버지 이름을 부르는 건 상상도 할 수 없다'고 했더니, 그 며느리 하는 말, "Por qué no? (아니, 왜 안돼요?)"라고 해서 더 놀랐다.

② 거의 매일 기념일이 있다. '세계(또는 국제) ㅇㅇ의 날'을 빼더라도 하루에 여러 개의 기념일이 있기도 하다. 그 중에는 새해 휴일, 독립기념일, 아버지 날, 어머니 날, 어린이 날과 같은 기본적인 기념일 외에도 잉카 축제일, 역사적인 기념일, 종교적인 기념일이 많이 있기 때문이다. 게다가 직업과 관련되는 날(예: 영양사, 비서, 우체부, 변호사, 농부, 선원), 음식과 관련되

는 날(예: 껌, 팝콘, 피자, 감자, 삐스꼬 술, 쎄비체)들도 많다.

③ 집안 일을 자신이 스스로 하는 사람들도 많겠지만, 남에게 맡기는 경우가 한국보다 훨씬 많은 듯 하다. 집안 청소하는 일, 개를 산책 시키는 일, 화단을 정리하고 돌보는 일 등을 전문가(또는 잡부)에게 맡기는 모습을 자주 본다. 하물며 마트에서 물건을 사 오는 일도 의뢰하기 때문에 배달업체들이 성업 중이며, 길에는 오토바이나 자전거에 짐을 실은 배달꾼들이 많이 다닌다.

④ 리마에는 카지노가 많다. 구글지도의 검색만으로도, 리마에 200개 가까운 업소가 나오는데, 지도 검색으로 안 나오는 유사 게임장도 많으니 실제로는 훨씬 더 많을 것이다. 월수입도 시원찮은 국민들을 일확천금의 꿈으로 유혹하고, 일반 마트에서는 로또 판매도 많이 하고 있다. 그런 걸 보면 오래전부터 한국에서는 카지노를 규제해 왔는데, 그런 것은 아주 잘한 정책이라고 생각된다.

카지노(Casino)

⑤ 뻬루에서는 화장실 인심이 별로 안 좋다. 큰 빌딩이나 쇼핑몰에는 무료 화장실이 있지만, 길거리나 시장 등 공공장소에서는 대부분의 화장실 사용이 유료이다. 그런데 당황스러운 것은 변기에 시트와 뚜껑이 없는 경우가 많다는 것이다. 한두 군데가 그런 게 아니고, 공동으로 사용하는 화장실에는 거의 어디나 그런 실정이다. 심지어 여자 화장실도 마찬가지라서, 도대체 왜 시트가 없는지, 저걸 어떻게 사용하라는 것인지 의문이었다. 그건 Mambo가 근무한 기관에서도 마찬가지 상황이어서, 그곳 기관장에게 한 마디 했다. 화장실 변기의 시트와 뚜껑이 없는 건, 불쾌할 뿐만 아니라 직원들의 품위를 해친다고 했더니, 두어 달 후에 모두 개선된 바가 있다. 여행을 하다가 혹여 저런 상황을 만나더라도 당황하지 말고 알아서 잘 대처하기 바란다.

8

뻬루가 그렇게 좋아?

가끔 한국에 있는 친구들이 묻는다.

"뻬루에 뭐가 그리 좋길래 한국으로 안 돌아 오나?"

뻬루에 와서 초기에는 새로운 환경에 적응하느라고 조금 힘들었지만, 이젠 여기에서 사는 게 더 좋다. 그래서 몇 년 동안 여기에서 살면서 좋다고 느낀 점들을 소개하며, 또한 이처럼 다른 환경에서 행복하게 살아가는 방법도 제안한다.

여기가 천당?

① 리마(Lima)는 기후 환경이 좋다

어릴 때, '한국은 3천리 금수강산이며, 사계절이 뚜렷하다'고 배웠다. 그러나 다시 생각해 보면, '사계절이 뚜렷하다'는 건 냉난방이 필요하고, 봄, 여름, 가을, 겨울 사시사철 여러 가지 옷이 필요하다는 걸 의미하기도 한다. 매년 춘하추동 다양한 계절의 맛을 경험하는 것도 좋지만, 온화한 기후에서 편안한 삶을 즐기는 것도 좋다. 리마의 온도는 여름엔 최고 28도 정도, 겨울엔 최저 12도 정도로 혹서, 혹한이 없다. 그러므로 눈이 오지 않는 건 당연하고, 비도 거의 오지 않는다. 하지만 지하엔 안데스산맥에서 흘러 내려오는 물이 풍부하여, 생활하는데 물이 부족한 경우는 없다(공원에도 물을 펑펑 주고 있음). 폭우, 장마, 태풍도 없지만 가뭄도 없다. 그래서 나이들어서 편안하고 쾌적한 환경에서 살고 있다는 것과 막걸리 담그기에도 사시사철 좋은 기온이라서 Mambo의 행복감은 더욱 크다.

게다가 파리, 모기 같은 귀찮은 곤충도 별로 없다. 그러나 한국 같은 기후를 원한다면 1년 내내 추운 지방에 가서 살 수도 있고, 더운 지방에 가서 원 없이 모기에 물릴 수도 있다.

② 구경 다닐 곳이 많다

빼루만 하더라도 땅덩어리가 커서 돌아다닐 곳이 많고, 높은 산과 큰 호수도 많으며, 여러 가지 경험할 거리가 많아서 3만리 금수강산이라고 할 수 있다. 마추삑추는 그중의 하나일 뿐이다. 빼루 생활 초기에 빼루 친구가 추천해 준 곳들은 이미 다 가 봤지만, 아직도 가 볼만한 곳, 가 보고 싶은 곳이 많이 있다. 게다가 남미의 여러 나라들도 가 볼만한 곳이 참 많기 때문에, 그것만 생각해도 가슴이 두근거린다. 모든 여행은 짜릿한 경험을 만들고 삶에 활력을 불어넣어 주기 때문에 앞으로도 계속해서 여행을 즐길 생각이다.

③ 먹을 게 풍성하고 물가가 싸다

앞에서 이야기 했듯이, 쌀, 채소, 육류, 해산물, 과일 등이 풍성하고 물가가 싸서, 마음껏 먹으며 살아도 생활비가 아주 적게 든다. 예를 들어, 한국에서 망고 한두 개 값으로 여기에서는 한 박스를 사다 놓고 먹을 수 있으니, 돈도 절약되고 기분도 좋다. 그렇다고 해서, 돈 아끼는 재미로 여기에 사는 것도 아니고 그게 인생 목표도 아니다. 그것은 부수적인 효과일 뿐이며, 행복감을 느끼는 데 도움이 된다는 얘기다.

④ 맘이 편하다

나와 직접 관련이 없더라도, 정치, 사회, 문화적인 분야도 중요한 생활 환경 중 하나이다. 뻬루에서 생활하니 한국에서의 정치나 사회 문제에 그리 관심을 갖거나 신경 쓸 필요가 없으니 맘이 편하다. 게다가 뻬루 사람들이 까탈스럽지 않아서, 대인 관계나 사회 분위기에서도 긴장감이 별로 없다. 기후 환경이 온화하니 사람들 성격도 온화한 것 같다.

그러나 행정 및 공공 서비스 처리 속도가 느리고 의료비가 비싸다. 그래서 잠시 방문하는 여행자들에게는 거의 천당쯤 되겠고, 가끔 민원 서비스가 필요한 교민들이나 파견 생활을 하는 사람들에게는 800당 밖에 안 될 수도 있다. 하기사 천당쯤 되면, 전 세계 사람들이 몰려들어서 곧 지옥이 될 수도 있으니, 차라리 이 정도가 낫다. 이런 것은 각자 보는 눈이 다르고 받아들이는 각도가 다르기 때문에, 사람들마다 점수가 다르게 매겨질 것이다.

나는 지구인이다!

Mambo는 2019년 초 NIPA[12] 정보통신 자문관으로 뻬루에 왔다. 코로나 기간 동안에 대부분의 자문관들이 한국으로 되돌아갔지만, 우리는 뻬루에 계속 있으면서 임기를 마쳤다. 지금은 뻬루에서 살아가는 것이 즐겁고 한국으로 돌아가지 않아도 되는 상황이기 때문에, 뻬루뿐만 아니라 세상 어디든 내가 좋아하는 곳에서 살아보고 싶다는 생각을 하고 있다. 그래서 여기를 남의 나라로 생각해서 현실을 적당히 받아들이는 게 아니라, 모든 것에 적극적으로 대처하며 일상을 즐기며 살아가고 있다.

초기부터 Mambo는 이곳 사람들에게 이런 말을 해 왔다.

- Soy Peruano!(나 뻬루 사람이야!)
- No ingles, solo español.(영어 말고 에스빠뇰로만 얘기 해)

즉, '지금 내가 있는 곳이 내 집이다(Donde estoy ahora es mi casa)'라고 생각하며, '뻬루가 내 나라'라고 얘기하는 것이다. 그렇게 생각하면, 나 스스로에게도 용기를 줄 뿐만 아니라, 현실 상황을 더 적극적으로 받아들이고 적응하기도 쉽다. 뻬루 사람들과 만나고, 뻬루 음식을 먹고, 여기저기 미지의 장소를 다니는

12 NIPA: National IT Industry Promotion Agency (정보통신산업진흥원)

데도 거리낌이 없다. 요컨대, 자기 자신을 잠시 동안 머무는 손님으로 생각하는 것이 아니라, 이곳을 내 나라인 것처럼 적극적인 생각을 가지고 살면 이것저것 까탈스럽게 가리지 않게 된다.

우리는 뻬루 말고도 남미의 다른 나라에서도 살아보고 싶은 생각이 있는데, 그때가 되면 당연히 그 나라 사람으로 생각하며 살 것이다. 친구들과의 대화에서도, "한국에서 60년 동안 살아봤으면 됐지, 뭐 하러 또 들어가나? 난 바깥세상에서 살거네. 왜냐하면 난 지구인이니까."라고 얘기하곤 한다. 한국이란 땅에서 태어났지만 또한 지구에 태어난 것이므로, 어디가 됐든지 간에 내가 좋아하는 곳에서 행복하게 살다가 가면 된다. 그래서, "내가 여기에서 죽더라도 괜히 뼛가루를 한국으로 가져가지 말라"는 유언도 해 두었다.

뻬루살이의 일상

Mambo는 원래 계획했던 것보다 2~3년 젊은 나이에 뻬루에 오는 걸 실행에 옮겼다. 나이가 들수록, 새로운 것이나 신기한 것에 대한 감수성도 떨어지고, 오히려 한곳에 안주하려 하며, 이것저것 귀찮아지게 되므로, 한 살이라도 젊을 때 세상 구경을 더 하고자 함이었다. 즉, 가슴 떨릴 때 다녀야지, 다리 떨릴 때는 이미 늦은 거니까….

그리고 또 하나 중요한 결정 중의 하나는, Mambo 혼자 뻬루에 오는 게 아니라 부부가 함께 오는 것이었다. 아내도 광화문에 있는 각당복지재단에서 근무하고 있었는데, 그동안 하던 일을 그만두는 것에 고민이 많았다. 퇴직을 하고 부부가 함께 움직이는 것이 당연하긴 했지만, 보람있는 일을 그만두고 가까운 동료들과 헤어진다는 게 누군들 그리 쉬운가? 하지만, 우리가 이 나이에 떨어져 살면 그게 뭔 의미가 있겠나? 나중에 무슨 영화를 누리겠다고 우리가 기러기 부부로 떨어져 살아야 하나? 그런 생각으로 결단을 한 것이다.

새로운 환경은 지금까지 살아왔던 것과 다르므로, 모든 게 생소하게 느껴지고 신기한 것들도 많다. 그런 환경에 빨리 익숙해지고 그것을 즐기려면, 많이 다녀보고 눈으로 직접 체험하는 게 최고이다. 그래서 우리는 새롭고 궁금한 곳은 귀찮아하거나 두려워하지 않고 직접 다녀보곤 한다.

리마의 주택가와 해변에는 공원들이 많아서 꽃이나 나무를 구경하며 산책하기 좋다. 뿐만 아니라, 골목길에도 꽃과 나무들이 심어져 있기 때문에 한국에서처럼 굳이 식물원이나 수목원 같은 곳을 찾아 다닐 필요가 없다.

주변을 산책하는 것이 일상 중의 하나이며, 도매시장에 다닐 때도 자전거를 타고 골목을 누비면서 여러 풍경을 보며 다닌다. 산책을 하다 보면, 꽃 구경만이 아니라, 공원에서 아이들이 태권도 연습하는 것도 보고, 15살 여자 아이들에게 중요한 행사인 낀쎄아녜라(Quinceañera) 이벤트도 보는 등 흥미로운 게 한둘이 아니다.

보봉은 십 주변을 4~5km씩 산책하지만, 때로는 지도에서 보는 바와 같이 길게 걸을 때도 있다(총 14km, 5시간 정도). 이렇게 긴 산책도, 이 공원 저 공원 거치면서 꽃과 나무도 보고 사람들도 구경하다 보면, 힘들다기 보다는 즐겁고 행복하다. 이렇게

집 주변 골목과 공원들을 산책하며, 새소리도 듣고, 게다가 아이들이 노는 모습을 보기도 하고, 또한 이웃들과 얘기를 나누며 사는 환경을 감사하게 생각한다.

빼루 친구들과 함께

'지금 살고 있는 곳이 내 나라'라는 생각을 바탕으로 사람들을 만나고, 모르는 것은 묻고, 여기저기 찾아 다니기도 하면, 현지 생활도 빨리 익숙해지고 현지 언어도 빨리 유창해진다. 새로운 곳에 1년 이상 거주하는 경우처럼 시간적인 여유가 있다면, 주

민센터나 문화센터에 등록해서 현지인들과 함께 활동하는 것도 아주 좋은 방법이다. 같이 운동도 하고, Zumba 춤도 배우고, 가끔 식사도 함께 하고, WhatsApp 톡방에서 대화를 주고받으면, 저절로 생활의 활력이 생기기 때문이다.

이렇게 뻬루 친구들과 자주 만나서 일상생활을 함께 하고, 시내 곳곳을 함께 여행을 하기도 하니, 금방 뻬루 친구들과 좋은 우정을 나누는 관계가 될 수 있었다. 그중 가까운 친구들을 집으로 초대해서 비빔밥도 함께 만들어 먹고, 김밥도 만들어 봤다. 자기가 직접 만든 김밥을 집으로 가져가서 가족들에게 맛을 보이고, 한국의 음식문화를 함께 나눴던 체험은 그들에게도 즐거운 추억이 되었을 것이다.

더 적극적인 활동으로는, 뻬루 사람들에게 한국어 강의를 한 것이다. Mambo가 근무하는 기관의 직원들에게 미리 한국어 강좌에 대한 홍보를 했더니, 약 20여 명의 직원들이 수강할 정도로 인기가 있었다. 아마도 K-pop과 한류 열풍이 이들로 하여금 한국에 관심을 갖게 하는 직접적인 원인이었을 것이다. 그래서 수강생들에게는 한글을 가르치는 것뿐만 아니라, 한국 노래와 풍습 및 문화도 함께 소개하곤 하였다.

또한 수강생들과 근처 한국 식당에 가서 직접 한국 음식문화를 체험시키기도 하였다. 그들은 젓가락 사용법을 배우며 엄청 재미있어 하고, 각종 음식의 모양과 맛 그리고 진열된 반찬들을 신기하게 여기며 여러 질문들을 쏟아내기도 했다.

그렇게 재미있게 진행되던 한국어 강좌는 코로나 바이러스의 질투로 중단이 되었지만, 일부 직원과는 Zoom으로 수업을 계속하고 있고, 대부분의 직원들과는 네이버 밴드에서 한국어 및

한류에 대한 소통을 계속하고 있다.

한국어 수강생들

식생활 및 먹거리

밖에서 모임을 할 때는, 주로 쎄비체 집(cebicheria)이나 뻬루 음식점 또는 한식당에 간다. 집에서는 풍성한 재료로 여러 가지 음식을 만들어 먹는데, 당연히 늘 먹어 왔던 한국식 반찬이 기본이다. 가끔은 뻬루식으로 쎄비체를 만들어 먹기도 하고, 주인집에서 가지고 오는 뻬루 음식도 별미로 즐긴다.

육류는 전문 육간에 가서 사 오는데, 소고기는 주로 꼬리를 사고, 돼지고기는 갈비 붙은 삼겹살을 산다. 소꼬리에는 큰 고깃덩어리가 붙어 있고, 그게 예전에 먹던 안심, 등심보다 맛이 좋기 때문이다. 그리고 가끔 꾸이(cuy)도 사다가 구워 먹는데, 식당에서 사 먹는 것(튀김)보다 더 맛있다. 그리고 조기, 병어 같은 생선 조림, 전복 찜, 문어나 오징어 안주 등도 자주 즐긴다.

빼루에 와서 바뀐 식생활 중에 또 중요한 게 있는데, 베따라가(betarraga=비트)를 이용해 매일 아침 ABC 주스(Apple+Beat+Carrot)를 만들어 마신다.

이는 한국에서도 잘 알려진 디톡스(detox=해독) 주스의 하나

이며, 공복에 마시기 때문에 맛도 좋고 기분도 상쾌하다. 물론 아침 식욕을 북돋아 주기도 한다. 그리고 뻬루에 와서 처음 만난 꾸르꾸마(cúrcuma=강황)도 가끔 사다가 음식에도 넣고, 막걸리에 넣기도 한다.

마까(maca)는 '뻬루의 산삼' 또는 '천연 비아그라'라고도 불릴 정도로 정력에 좋은 영양소를 풍부하게 함유하고 있다. 흔히들 분말 형태로 요리에 넣거나 음료수에 첨가하기도 하며, 또는 알약 형태의 영양제로 먹기도 한다. 하지만 Mambo는 코를 탁 쏘는 매콤한 맛을 좋아하기 때문에 생으로 먹는 걸 즐기며, 그래서 우리 집에는 세계 유일이라고 할 수 있는 마까 깍두기도 있다.

고추 중에서 노랑고추(aji amarillo)는 뻬루에서 Mambo가 즐겨 먹는 것이다. 적당히 맵고, 향기가 있으며, 물기가 촉촉하기 때문이다. 그리고 치즈, 토마토 샐러드에 직접 기른 바질을 얹으면 훌륭한 카프레제(caprese)가 되는데, 이것도 뻬루에서 즐겨 만들어 먹는 기호식품 중의 하나이다.

또한 배추김치, 깍두기, 무생채, 부추김치 등 한국식 기본 반찬은 물론이고 여러 가지 채소로 반찬을 만들어 먹는다. 직접 따온 올리브로 만든 반찬은 어디에나 자랑할 만하고, 집에서 깨끗하게 기른 콩나물과 숙주나물로 만든 반찬도 최상급이다.

그리고 사과, 망고, 포도, 블루베리, 금땅꽈리, 치리모야, 귤, 빨따 같은 과일들은 사시사철 언제나 가까이 두고 있으며, 수박 같은 계절 과일은 여름철에 늘 냉장고에 있다. 그리고 식탁에는 호두와 까슈 같은 견과류를 두고 매일 조금씩 먹는다.

맘보막걸리

Mambo는 술을 좋아한다. 젊을 때는 소주, 맥주, 고량주, 보드카, 위스키, 꼬냑 등등 주종을 가리지 않고 마셨다. 그러나 몇 년 전부터는 막걸리와 와인만을 주로 마신다. 그 이유는 알코올 도수가 높은 독주가 몸에 부담이 될 뿐만 아니라, 그것이 몸에 좋은 성분은 별로 없이 기껏해야 알코올에 불과하다는 생각이 들었기 때문이다. 반면, 막걸리는 쌀밥과 누룩을 원료로 발효시켜 만들기 때문에, 유산균이 풍부하고 알코올 도수도 그리 높지 않아서 Mambo가 즐겨 마시는 술로 선택된 것이다. 와인도 막걸리처럼 때때로 한두 잔씩 하는 파트너급 술이다.

그러나 한국에서도 아무 막걸리나 마시지는 않았다. 단맛을 내기 위해서 인공 감미료인 아스파탐(aspartame)을 넣은 것은 원칙적으로 멀리했다. 일부러 단맛을 내려고 감미료를 넣기보다는 차라리 쓰면 쓴 대로 텁텁하면 텁텁한 대로의 자연의 맛이 더 좋았기 때문이다. 그래서 전통적인 방법으로 제조하고 인공 감미료를 넣지 않은 막걸리를 수소문해서 마셨고, 그런 것을 파는 막걸리집만을 찾아다녔다. 등산을 갈 때나, 꽃구경을 갈 때나, 자전거를 타러 나갈 때도 오직 Mambo의 애호 막걸리를 챙겨 가지고 다녔었다.

그러니 뻬루로 올 때 한국의 모든 지인들이 "거긴 막걸리가 없을 텐데 어쩌누?"라고 걱정해 주었다. Mambo는 걱정을 하는 대신 대안을 찾는다. 막걸리는 직접 담가 먹으면 된다는 생각으로 뻬루에 올 때 누룩을 10kg 정도 가지고 왔다. 한국에서는 장모님께서 담가주시는 동동주와 막걸리를 마시거나, 마트에서 좋은 막걸리를 골라서 마시면 되니까 굳이 막걸리를 담글 필요가 없었지만, 뻬루에서는 그런 번거로움을 마다할 수가 없었다.

막걸리를 직접 담그는 것은 처음이었기에, 전문가에게 물어도 보고 인터넷도 찾아보면서 방법을 익히고 따라 해 보기도 했다. 그러면서 쌀의 종류, 누룩의 양, 물의 양, 온도, 공기 차단, 저어주기(가스 배출) 등의 여러 조건과 방법들이 발효 속도와 술맛에 어떻게 영향을 미치는지 비교해 보기도 했다. 단양주로 막걸리 맛을 즐기기도 하고, 이양주, 삼양주를 만들기도 한다. 그렇게 이런저런 조건들을 바꿔가며 막걸리를 담그고 맛을 보는 재미도 쏠쏠하다. 특히 효모들이 왕성하게 내뿜는 발효 가스가 뽀글뽀글 올라오는 모습은 막걸리 발효통에서조차 생명들의 활동을 느끼게 해 준다. 이렇게 만든 막걸리의 맛은 그때그때 달랐지만, 그것을 맛있게 마시고 또 조건을 바꿔가며 계속 만들어 봤다.

그렇게 3년 정도 해 보니, 드디어 Mambo의 막걸리 비법이 만들어졌다. 게다가 고두밥만이 아닌 생쌀로도 막걸리를 만들어 보기도 하고, 완성된 막걸리에 꾸르꾸마(강황)를 넣어 노란 꾸르막(=꾸르꾸마 막걸리)을 만들기도 한다. 이렇게 만든 '맘보막걸리'는 교민 친구들과도 나눠 마시고, 뻬루 친구들에게도 '쌀와인(vino de arroz)'으로 소개하며 나눠 주기도 한다.

이와 같이 몇 가지라도 일상을 즐기며 마음 편하게 살다 보면, 한국의 비싼 물가와 미세먼지 속에서 이런저런 일로 아웅다웅하면서 사는 것보다는, 오히려 새로운 환경에서 나름대로 재미를 찾아서 사는 게 더 좋다는 생각을 하게 된다.

Mambo 정원

빼루에 와서 첫 번째 살던 집은 15층 아파트라서 기껏해야 베란다에 화분 몇 개를 놓고 이것저것 심어보는 게 고작이었다. 그런데 지금 살고 있는 집은 3층짜리 주택이며, 밖에는 우리가 가꿀 수 있는 화단이 있다(2m×9m). 처음 이곳으로 이사 왔을 때, 화단은 과일나무 두 그루(빠빠야, 빨따)만 있는 잡초 밭에 불과했고, 우리도 처음엔 그다지 관심을 갖지는 않았었다.

그러다가 잡초를 뽑아내고, 꽃도 심고, 감자, 고구마, 토마토, 콩, 옥수수, 호박 등 이것저것 심어보기 시작했다. 시장에서 사온 파를 잘라 뿌리도 심고, 마늘, 양파도 심어봤다. 어디 그뿐인가? 망고를 먹고 나서 그 씨앗도 심어보고 고추, 피망도 심어 봤다. 그래서 지금은 동네 사람들이 부러워하는 정원이 되었다.

비록, 옥수수나 호박 같은 건 별 재미를 못 봤지만, 고구마, 콩, 마늘, 파, 들깨, 열무, 부추, 바질 농사는 제법 잘 된다. 그래서 농작물을 이것저것 바꿔보기도 하고, 궁금한 것을 심어 보기도 한다. 거의 매일 깻잎을 따서 쌈과 양념으로 사용하는데, 그것도 일상의 소소한 즐거움이다. 새로 심어서 꽃을 피우는 것으로는, 한련, 금관화, 나팔꽃, 우창꽃, 나도사프란, 멕시칸세이지, 디모르포세카, 애기해바라기꽃, 황호접 등이 있고, 최근에 한국에서 가져다 심은 작두콩과 기생초도 꽃을 피웠다. 게다가 공작화, 팝콘카시아, 아마릴리스, 사과나무, 망고나무 등도 열심히 자라고 있다.

여름에는 시계꽃이 피고, 그 열매인 마라꾸야(Maracuya, Passion fruit)가 달리는데, 그것들을 관찰하는 것도 참 재미있다.

시계꽃을 관찰해 보면, 처음에는 꽃봉오리가 마치 눈이 달린 것처럼 빼꼼히 올라온다. 때가 되어 그것이 벌어지면 5개의 꽃받침과 10개의 꽃잎이 먼저 깔리며, 그 위에 흰색~보라색의 망사치마가 전개된다. 그에 따라 수술 5개가 옆으로 펼쳐지고 그

위에 3쌍의 암술이 시계바늘(시/분/초) 모양을 만든다. 암술과 수술 사이에는 달걀 모양의 씨방이 자리 잡고 있으며, 이것이 자라서 마라꾸야 열매가 된다. Mambo는 가끔 뻬루 사람들에게 묻는다, "저게 무슨 꽃인지 아나? 몰라? 시곗바늘 보이잖아?"

정원에 있는 빠빠야, 빨따, 마라꾸야 과일나무에서 꽃이 피고 열매가 익어가면, 주인집 가족과 함께 따서 먹는다. 이렇게 우리는 3밭(채소밭, 꽃밭, 과일밭)을 가지고 있어서 행복하다.

그런데 화단을 가꾸다 보니 예상치 않았던 재미있는 관찰 거리가 생겼다. 어느 날 화단에 있는 한련 잎을 봤더니, 벌레들이 어린 잎들을 찔끔찔끔 뜯어 먹어서 볼썽사납게 만드는 것 아닌가? 그래서 그 벌레들을 집으로 데려다가 큰 페트병으로 집을 만들어 주고, 수시로 한련 잎을 따다 주니 깨끗하고 깔끔하게 먹

어 치우며 잘도 커 나갔다.

보름 정도 지나면서, 애벌레가 번데기로 되는 용화(蛹化), 번데기에서 흰나비가 나오는 우화(羽化) 과정을 직접 관찰할 수 있었다. 그런 과정들을 지켜보는 것도 참 경이롭고 흥미로운 체험이었고, 그야말로 자연의 신비를 직접 눈으로 확인한 것이었다.

그로부터 얼마 지나지 않아 또 즐거운 경험을 했다. 이번에는 금관화 잎에 좀 더 큰 벌레들이 붙어 있었다. 직감적으로 모나크 왕나비(Mariposa monarca) 애벌레로 생각되어, 그 애벌레들도 집으로 데려왔다. 이것들도 3~4주 정도 기간 동안에 용화 및 우화 과정을 거쳐서 아름다운 모나크 왕나비로 다시 태어났다.

날개가 완전하게 펴진 후, 화단의 금관화에 앉혀 주었더니 잠시후 하늘 높이 훨훨 날아갔다. 그런 과정을 관찰하며 느낀 신기함은 물론이고, 세밀하게 찍은 동영상을 지인들과 공유하는 것

도 큰 즐거움이었다.

그런데 나비는 그게 끝이 아니었다. 화단에 있는 시계꽃 덩굴의 잎에도 애벌레들이 많이 붙어 있기에, 그것을 데려다가 길러보니 검은 색이 섞인 붉은 나비들이 나왔다. 그래서 블로그에 붉은얼룩나비라고 소개했더니, 어느 초등생이 그걸 읽고 구글 검색을 해서 주노나비(Dione Juno)라고 정정해 주기도 했다. 한 화단에서 세 종류의 나비를 만나고 직접 길러본 것은 재미있는 경험이었다.

화단에 물 주는 것, 새로운 꽃이나 작물을 심는 것, 잡초 뽑아 주는 것, 열매 수확하는 것은 일상의 즐거움이다. 게다가 화단의 애벌레가 자라서 나비가 되는 모습을 관찰한 것은 새로 발견한 재미있는 놀이였다.

9

뻬루 여행 이야기

대부분 사람들이 '뻬루' 하면 잉까의 상징이라고 할 수 있는 마추뻭추(Machu Picchu) 유적지를 제일 먼저 떠 올린다. 그리고 마추뻭추를 보면 마치 뻬루를 다 본 것처럼 자랑스러워하는데, 사실 뻬루에는 거기 말고도 가볼 만한 데가 아주 많다. 지금부터 우리가 다녀본 뻬루의 명소와 그곳의 풍경들 그리고 여행의 재미를 소개한다.

이 책에서는 주변의 풍경과 사물을 보고 그냥 스쳐가기보다는 그것들에 대해서 여러 가지 방향으로 생각하고 느끼는 사례를 제안하며, 기존과 다른 마음가짐으로 여행하는 모습을 보여주고자 한다. 최신의 구체적인 여행 정보는 여행 가이드북이나 인터넷을 통해서 또는 현재 여행 중인 사람들이 함께 하는 단체톡방(예: 남미사랑 Open Chat)을 통해서 얼마든지 얻을 수 있기 때문에, 여기서는 여행 정보를 개략적으로만 소개한다.

뻬루 관광청(PromPeru)에서는 아래와 같이 10개의 대표 여행지를 추천하고 있으며, 대부분은 이 책에 소개되어 있다.

PromPeru의 인포메이션 센터(iperu)에서는 여행 팸플릿도 제공하며, 별도의 인터넷 사이트[13]에서도 유용한 정보를 얻을 수 있다. 여행을 하기 전에 해당 지역에 대한 정보를 미리 수집하고 예습을 하는 것은 안전하고 즐거운 여행을 위해 필수적이다.

번호	지역	여행지 및 내용
01	Lima	리마 시내 관광, 음식, 모험
02	Chiclayo	모체문명(AC.100~300)
03	Tumbes & Piura	북부해안(휴양, 해양스포츠, 바다동물)
04	Amazonas	꾸엘랍 유적(잉카 이전), 곡따폭포
05	Iquitos	북부 아마존(셀바지역, 아마존강)
06	Maldonado	원시림, 강, 호수, 폭포, 동물
07	Cusco	잉까문명(마추삑추 및 기타), 무지개산
08	Puno	해발 3,800m 띠띠까까 호수, Uros섬
09	Arequipa	백색 도시, 꼴까캐년(콘도르 구경)
10	Ica	사막 모험, 나스까 라인

좋은 여행은 운이다?

모름지기 여행에 있어서 가장 중요한 요소 중의 하나는 여행의 시기이다. 즉, 여행 다니는 동안의 계절(기온)과 날씨가 여행의 내용과 질을 좌우하니, 언제 여행할 것인가가 아주 중요하다.

13 https://www.peru.travel

물론 대부분의 경우 휴가 기간이 딱 정해져 있기도 하고 좋은 날씨라는 것도 운이 따라줘야 하는 거지만, 가능하다면 미리 알아보고 시기를 선택하는 게 좋다. 게다가 여행할 지역의 현지 상황(예, 내란, 시위, 질병 등)도 매우 중요한데, 이런 것들은 미리 대처할 수도 있지만 여행 계획이 확정된 이후에는 강행/취소를 고민해야 할 경우도 있다.

Mambo는 여행의 시기를 설계할 때는, 여행할 곳의 연중 일반적인 기후 조건과 권고사항을 참고하고, 또한 단기적인 날씨 예보도 들여다본다. 연중 기후조건은 Weather Spark라는 사이트를 참고하는데, 세계 각 지역의 연중 기후와 온도, 그리고 여행 권장 시기를 확인할 수 있다.

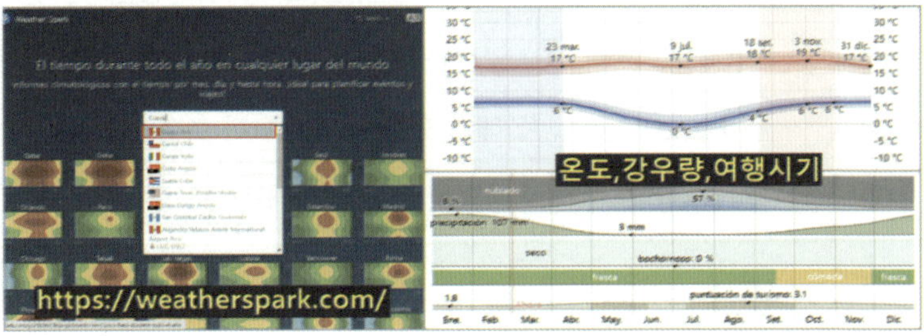

그렇게 대략적인 여행 시기를 정해서 실행에 옮기기도 하고, 2주 예보 같은 단기적인 날씨예보를 추가로 참고하기도 한다. 어떨 때는 연중 기후 및 여행 권장 시기보다는 단기적인 날씨가 더 중요한 경우도 있기 때문이다.

그동안 우리가 다녀온 뻬루 및 남미 여행 이야기가 곧 이어지겠지만, 그중에서 특히 기후와 날씨가 중요했던 여행지 그리고 기억에 남는 몇 곳을 아래 표에 정리해 보았다.

여행지	시기	여행 포인트	내용, 소감
Cusco	4/26~5/4 (초가을)	마추삑추, 무지개산, 기타	마추삑추, 5천m 무지개산은 필수
Titicaca	11/29~12/2 (여름)	바다같이 큰 호수	날씨가 좋아서 큰 호수 전망 즐김
Piura	1/9~1/16	북부 해안 지역	멋진 바다 휴양지
Iquitos	7/26~8/2 (겨울)	아마존 지역	원주민, 정글, 강, 동식물, 음식 체험
Huaraz	8/27~8/31 (겨울)	6,768m 최고봉이 있는 곳	에메랄드 색의 호수 및 만년설
Cajamarca ~Tarapoto	9/5~9/13 (초봄)	바위숲, 꾸엘랍, 폭포, 호수	1,000km 코스 여행
Iguazu	11/4~11/5	이과수 폭포	장쾌한 폭포 감상
Uyuni	2/23~2/27 (우기 끝)	Bolivia 소금사막, 광대한 거울(호수)	소금밭/호수 감상, 사진놀이, 별 보기

어느 곳이나 여행하는 중에 비가 계속 온다면 여행이 원만하지 않은데, 특히 안데스산맥에 있는 곳들은 우기를 피해서 가는 것이 좋다[14](예, Cusco, Titicaca, Huaraz 등). Mambo는 사전 준비를

14 우기는 대체로 12월~3월이나, 지역에 따른 차이 및 기후 변동이 있으므로 재확인할 필요가 있음(날씨 앱 또는 인터넷 활용)

할 만큼 하고, 현지에서는 많은 조심을 하면서도 보고 즐길 것은 놓치지 않았다. 또한 그런 좋은 여행, 안전한 여행에는 여러 가지 운(사람, 날씨, 교통, 동식물 등)이 따라 주기도 했다.

공통 가이드라인

초보 때는 여행사에서 제공하는 '패키지여행'으로 시작하겠지만, 여행에 익숙해지면 이미 틀이 짜인 것보다는 스스로 목적지를 정하고 일정을 짜서 다니는 '자유여행'이 훨씬 재미있다는 것을 알게 된다. 자유여행을 하는데 두려울 게 뭐가 있나? 여행이 자기 스케줄대로 안 될까 봐? 여행 중에 혹시 길을 잘못 들을까 봐? 현지 언어에 자신이 없어서? 미리 걱정하지 말자! 자유여행은 편안한 패키지 관광과는 달리, 예상하지 못했던 상황을 만나면 그것에 적응하기도 하고 그 문제를 해결하기도 하는 재미있는 과정이다. 그러면서 새로운 것을 경험하고 더 많은 것을 느낄 수 있다. 인생 자체도 그렇지 않은가? 다만, 자유여행을 위해서 현지 언어를 미리 조금이라도 공부해 두면 큰 도움이 된다.

우리는 뻬루에 4년 정도 사는 동안 뻬루의 여러 곳을 다녀 봤고, 남미의 몇 나라도 여행해 봤다. 그리고 패키지여행이 아닌 순전히 자유여행으로 다니고 그것도 일정을 여유 있게 짜서 다녔기 때문에, 증명사진을 찍는 관광이 아니라 현지의 여러 가지를 체험하는 여행을 할 수 있었다. 혹시 독자들이 패키지여행을 하는 경우라면, 그 일정을 변경하기도 어렵고 나중에 다른 것을 추가, 선택할 여지없이 그냥 따라다니면 되니까, Mambo가 소개하는 것은 그냥 참고만 하면 되겠고, 자유여행인 경우에는 우리의 여행 경험과 권고를 각자의 여행 계획에 반영할 수도 있을 것이다. 이 글은 그런 자유여행자들에게 도움이 될 수도 있는 이야기 위주로 풀어나가겠지만, 더 충실한 계획을 짜기 위해서는 필요한 정보를 인터넷에서 검색하거나 다른 사람들의 여행기도 참고하기 바란다. Mambo도 세부적으로 계획을 짜는 단계에서는 유튜브(youtube)에 올라와 있는 동영상으로 현지 여행에 대한 예습을 하기도 한다. 또 이미 방영된 'EBS 세계테마기행'에도 많은 여행지가 잘 소개되어 있어서 여행 계획을 짜는 데 도움이 되었다.

에스빠뇰을 사용하는 남미의 여러 나라 즉, 에스빠냐(España)의 식민지였던 나라들의 크고 작은 도시에는 대부분 아르마스 광장(Plaza de Armas)이 있다. 'Armas'라는 단어는 무기를 뜻하며 식민지 시대에는 'Plaza de Armas'가 무기광장, 연병장, 열병장 등을 의미했다. 그러나 현재는 중앙광장으로서 시민들의 휴식처이기도 하며, 각종 행사나 이벤트가 열리기도 하고, 만남의 장소이기도 하며, 여행자들은 주변에 있는 여행사에서 정보를 얻고 예약을 할 수 있다. 그러므로 자유여행자들의 경우에는 제일 먼저 아르마스 광장에 가서, 자신의 일정에 맞는 세부 여행 계획을 짜기 바란다.

아르마스 광장(Cusco)

출발 전에 인터넷으로 이것저것 예약을 할 수도 있지만, 혹시라도 일정 변경이 있는 경우에는 변경/취소를 하는데 골치가 아플 수도 있다. 경험상, 현지에 도착해서 예약을 하는 게 더 싸고 좋은 경우도 많았다. 그러므로 Mambo는 항공편이나 장거리 버스 등 교통편만 예약해 두고 다른 것들은 모두 현지에서 해결한다. 다만 항공권은 너무 임박해서 구매할 경우 매우 비싸기 때문에 1~2달 전에 미리 예약을 하는 게 좋고, 그 항공권 가격도 매일매일 달라지는 경우가 많으니 기록을 해 가며 비교한 후 선택하는 게 좋다. 또한 항공권은 항공사에서의 가격과 인터넷(예, Skyscanner)에서의 가격을 비교하기도 한다. Mambo는 숙소를 잡을 때 일단 구글맵을 검색한 후, 거기에 나타나는 booking.com이나 hotels.com 같은 앱에서 예약을 한다. 구글맵에 나오는 호텔/모텔 중에서 고객 평점과 가성비가 높은 걸 선택해 왔는데, 지금까지는 대부분 만족스러웠다.

또 하나 주의할 사항은 신용카드 이용시 결제 통화의 선택이다. 항공권을 인터넷에서 구매할 경우에나, 숙박, 식사를 하는 경우에 어떤 통화로 결제할 것인가? 한국에서 한국업체로부터 항공권을 구매하는 경우에는 당연히 원화로 결제하겠지만, 그 이외의 경우에는 달러 또는 현지 통화로 결제하는 것이 좋다. 만일 해외 인터넷에서 또는 해외 가맹점에서 원화로 결제를 하게 되면, 그것이 1차적으로 불리한 환율이 적용되어 달러($)로 계산된 후, 카드 결제시에는 또다시 원화로 계산되어 청구되므로, 이중으로 환전 손해가 발생한다. 또 해외 현지에서 카드 결제시, 간혹 현지통화로 결제할 것인지 달러로 결제할 것인지를 친절하게 물어올 때가 있다. 이때는 그쪽에서 제시하는 달러 환율이 적정한지를 확인하면 되는데, 잘 모르겠으면 그냥 현지통화로 결제하는 편이 유리하다.

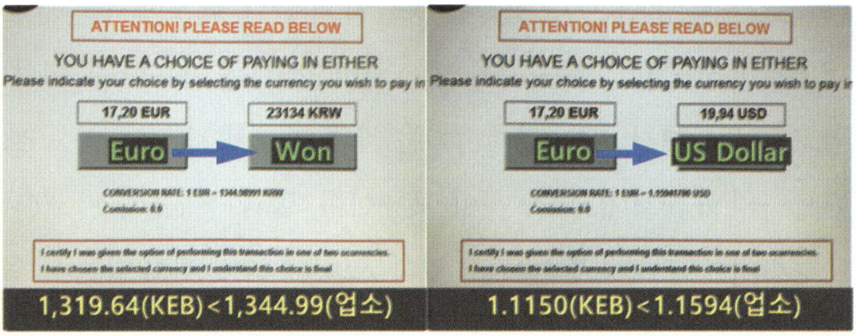

위 사진은 2019년 11월 에스빠냐에서의 경험인데, 어떤 통화

로 결제할까 잠시 고민을 하다가 현지 통화로 결제한 후 나중에 확인해 봤더니, 그 업소들이 결코 좋은 환율을 제시하지 않았다(에스빠냐에서의 통화는 유로(€)인데, 제시한 원화 및 달러 결제 환율이 KEB하나은행 고시환율보다 매우 불리했음). 소지한 카드의 해외 원화결제 기능을 아예 정지시켜 놓는 것도 좋은 방법이다.

여행 시에는 현금을 많이 소지하는 것이 부담스럽기 때문에, 때때로 '해외 출금'으로 현금을 충당하게 된다. 뻬루에서는 글로벌네트(globalnet) 또는 물띠레드(multiRed)를 이용할 수 있다. 참고로 해외에서 카드 결제시에는 국내 카드사, 글로벌 카드 브랜드사의 수수료가 붙는 것이 보통이며, 출금시에는 현지 ATM 운영사의 수수료가 추가될 수 있다. 그런데 해외 ATM 인출시 수수료가 면제된다는 'KT멤버십 더블혜택체크카드'로 테스트 해 본 결과, 케이뱅크의 수수료는 없었지만 Visa의 브랜드 수수료

1%는 적용되었다. 또한 출금이나 결제시 적용되는 환율은 한국에서의 환전시 적용받는 환율보다는 불리했다. 그러나 급히 현금이 필요할 때는 그런 수수료에도 불구하고 출금을 할 수밖에 없을 것이다.

다른 대안으로, 최근에 출시된 트래블로그(travelog) 카드 또는 트래블월릿(travel wallet) 카드는 더욱 매력적으로 보인다. 환전 수수료 없이 기준환율을 적용하는 데다가 카드 브랜드사의 수수료도 면제된다고 하기 때문이다. 그러나 Mambo가 카드를 발급받아서 직접 여러 은행의 ATM에서 출금을 테스트해 보니, 운영사의 수수료가 무려 $6~$10라고 나왔다(1회 출금 한도 $160~$300). 그래서 출금은 취소했지만, 현지 출금은 경제적인 면에서 비현실적이라는 결론을 얻었다. 반면 호텔, 식당 등 현지 가맹점에서 사용시 얼마나 효용성이 있는지는 확인할 필요가 있다.

이제 여행이나 현지 생활하는 동안에 필요한 환전에 대해서 살펴보자(USD → 현지 통화). 그동안의 경험에 따르면, 은행에서의 환율은 시내의 환전상[15]들에 비해 많이 불리하다.

(2023/5/26)	달러 Compra (USD→Sol)	달러 Venta (Sol→USD)	갭 (Venta -Compra)
환전상(업소)	3.670	3.690	0.54%
은행(예: BCP)	3.583	3.769	5.19%
차이 (환전상-은행)	2.4%	2.1%	

15 환전상=깜비오(cambio) / 환율=띠포 데 깜비오(tipo de cambio)

예를 들어, 위 표에서 은행 환율은 일반 시중 환전상에 비해 매수, 매도[16] 시에 공히 약 2%씩 고객에게 불리하다. 즉, 환전상은 자체 매도, 매수 차익이 0.5% 정도 밖에 안되는데, 은행은 무려 5% 정도의 차익을 챙긴다. 그래서 Mambo는 뻬루에서의 환전뿐만 아니라, 남미의 몇 나라 여행 시에도 은행보다는 환전상을 이용해 왔다. 그러나 이제는 거리의 환전 업소보다는 온라인 환전 방식을 이용한다. 그렇게 하는 것이 거리의 환전업소보다 환율도 유리하고, 직접 은행계좌로 돈을 주고받기 때문에 훨씬 안전하다. 지금까지 거리의 환전업소를 이용하면서 위조지폐를 받아본 적은 없지만, 온라인 환전을 하면 위조지폐 걱정을 할 필요도 없고 직접 돈을 들고 다닐 필요도 없다.

뻬루 여행시 유심(USIM) 칩이 필요한 경우에는 선불제(Prepago)를 구매해서 사용하되, 사용기간과 데이터의 양에 여러 가지 종류가 있으니 적절한 플랜을 선택하면 된다. 뻬루에는 4개 통신사가 있는데, 그중에서 가장 서비스가 좋은 Claro를 추천한다.

한국에서처럼 길거리나 대중교통에서 와이파이가 제공되는 되는 경우가 거의 없기 때문에, 꼭 필요한 경우가 아니라면 호텔의 와이파이를 이용함으로써 데이터 비용을 아껴야 할 것이다.

16 매수(compra), 매도(venta)는 환전상 입장임. 즉, Compra는 고객 입장에서는 달러 매도임(USD→Sol)

혹시 뻬루 유심 칩에 데이터 충전이 필요한 경우에는, 온라인에서도 가능하고 통신사 매장이나 취급 상점에서도 할 수 있다.

좀 더 다이나믹한 여행을 위해서 휴대폰에 고도계와 압력계 앱을 설치해 두자. 높은 지역을 여행할 때, 해발고도와 압력을 측정해 보며 당시의 환경을 수치로 확인해 보는 것도 재미있을 것이다.

(1) 리마(Lima) 및 근교

마추삑추뿐만 아니라 남미 여행의 시작점이라고 할 수 있는 뻬루의 수도 리마는 대부분의 여행자들이 잠시 머무르고 지나가는 곳이다. 전체 일정상 시간 여유가 없어서 그렇겠지만, 리마에도 안 가보면 아쉬울 만한 구경거리가 많다.

대표적인 곳으로는 ① 아르마스 광장 및 주변, ② 도심 공원들, ③ 사랑의 공원 및 해변, ④ 바랑꼬(Barranco), ⑤ 수도사의 투신(Salto de Fraile), ⑥ 물개(Lobo Marino)와의 수영, ⑦ 빠라뻰떼(Parapente), ⑧ 천국의 언덕(Lomas de Paraíso) 등이 있다. 시간 여유가 좀 있는 경우에는 각 포인트를 하나하나 찾아 다니는 게 좋겠고, 아니면 시티투어 버스(일명 미라부스, Mirabus)를 이용하여 해변 투어(③~⑤)를 하는 것도 좋을 것이다.

그런데 리마 국제공항에서 시내 숙소로 가는 방법은 어떤 게 가장 좋을까? 혹시 미라플로레스(Miraflores) 쪽으로 갈 경우에는 공항버스(Airport express)[17]를 탈 수도 있다. 버스 운행 간격은 매 1시간이며, 요금은 20솔(2인 이상 15솔씩)이다.

MARRIOTT (LARCOMAR)	TOURIST INFORMATION CENTER LARCO	PARQUE KENNEDY (TOURIST INFORMATION CENTER)	HOTEL BOULEVARD	LIMA AIRPORT (APPROX)
06:50	06:55	07:00	07:05	07:45
07:55	08:00	08:05	08:10	08:55
08:55	09:00	09:05	09:10	09:55
09:55	10:00	10:05	10:10	10:55
10:50	10:55	11:00	11:05	11:45
11:50	11:55	12:00	12:05	12:45
12:50	12:55	13:00	13:05	13:45
13:50	13:55	14:00	14:05	14:45
14:50	14:55	15:00	15:05	15:45
15:50	15:55	16:00	16:05	16:45
16:50	16:55	17:00	17:05	17:50

하지만 Mambo가 추천하는 방법은, 공항에서 어디로 가든 간에 만약에 짐이 그리 많지 않다면, 다음과 방법으로 택시를 타는 것을 추천한다. 공항 내에서 택시를 부를 경우, 공항 수수료 때문에 요금도 비싸고, 공항이 혼잡해서 부른 택시를 만나기도 힘들다. 그럴 경우에는 차라리 공항 밖으로 나와서 택시를 부르면, 요금도 훨씬 싸고 택시를 만나기도 쉽다(Mambo 블로그 참조). 게다가 공항버스처럼 정해진 출발 시간을 기다리거나 정류장에서 내려서 숙소까지 이동할 필요도 없으니 더욱 좋다. Mambo는 택시 호출 앱(App)으로 Uber와 DiDi를 이용하며, 그때그때 요금을 비교해서 어떤 것을 이용할 지를 결정한다.

① 아르마스 광장 및 주변

리마에 있는 아르마스 광장에는 꽃과 나무들이 많이 있어서

---

17 https://www.airportexpresslima.com/

환경이 쾌적하다. 광장의 한쪽 면에는 대통령궁, 또 한쪽 면에는 대성당이 있으며, 나머지 면에는 스페인의 영향을 받은 고풍스런 노란색 건물들에 공공기관, 식당, 카페들이 들어있다. 방문객들은 공원에서 산책을 하거나 휴식을 취하고, 경찰들은 공원 바로 북쪽에 위치한 대통령 궁의 경비를 위해서 항상 배치되어 있다. 물론 개들은 무엇에도 아랑곳하지 않고 아주 자유롭게 어슬렁거리거나 내키는 대로 길에서 누워 잔다. 그야말로 개 팔자, 개 천국이다.

아르마스 광장(리마)

대통령 궁의 내부 관람은 미리 전화로 신청해야 하고 토/일 오전에 2회만 입장, 1시간씩만 투어가 가능하다고 하는데, 대부분의 시민들은 정오쯤에 궁 안에서 하는 열병식을 밖에서 구경하는 정도이다. 주변의 성당, 박물관, 광장, 주변 상가 등을 둘러보고 나서는 무라야(Muralla) 공원에도 가 볼 만하다. 그곳에는 예전 유적들도 남아 있고 도시 모습의 일부를 조망할 수 있다. 그런데, 이 공원을 따라 유유히 흐르는 강물을 보면 다음과 같은 궁금증이 생긴다. 비도 거의 안 오는 기후인데, 리마 시내에서 가장 큰 리막(Rimac) 강의 물은 어디에서 오는 것일까?

② 도심 공원들

아르마스 광장 남쪽에 있는 San Martín 광장, Exposición 공원 및 미술 박물관, 그리고 야간에 볼만한 분수공원(Circuito Mágico del Agua)도 추천할 만하다.

③ 사랑의 공원(Parque del Amor) 및 해변

리마 서쪽의 해변은 50m~100m 정도의 절벽 아래에 위치해 있다. 해안 절벽은 주로 나팔꽃으로 덮여 있으며, 큰 자갈과 흙으로 이루어져서 푸석푸석해 보이지만, 다행히 비가 거의 오지 않기 때문에 쉽게 무너지거나 씻겨 내려가지 않는다.

해변 위의 공원들은 시내의 다른 공원들처럼 관리가 잘 되어 있고 풍경도 좋아서, 그냥 걷기만 해도 좋고 잠시 앉아서 휴식을 취해도 좋다. 그중에서 사랑의 공원(Parque del Amor)은 공원 이름만으로도 연인들을 많이 불러 모으고, 공원 내에 키스하는 조형물이 있어서 그런지 자연스럽게 키스를 나누는 연인들을 볼 수 있다. 또한 사랑에 대한 이런저런 글귀를 읽어보는 것

도 재미있다. 예를 들면,

Cuándo yo abro los ojos se abre tu corazón
(내가 눈을 뜰 때 네 마음도 열린다)
Digo siempre adiós y me quedo.
(안녕이라고 말하지만, 난 떠나지 않아)
Difícil hacer el amor, pero se aprende.
(사랑은 어렵지만, 배워가는 거야)

등 많은 글귀들이 모자이크 타일로 쓰여 있다.

④ 바랑꼬(Barranco)

문화, 예술, 낭만의 거리라고 할 수 있는 바랑꼬도 사람들이 즐겨 찾는 곳인데, 특히 연인이나 부부, 그리고 한국 여행객들에게도 인기가 있다. 탄식의 다리(Puente de los Suspiros)는 수많은 사랑의 관계가 시작된 낭만적인 장소로 소개되곤 한다. Suspiro라는 단어가 한숨, 탄식, 한탄의 뜻이기 때문에 한국인들에게는 '탄식의 다리'로 알려져 있다. 그래서 처음에는 언뜻 실연당한 사람들이 찾는 다리라는 생각이 들기도 한다. 하지만 그 유래를 살펴보면, '숨을 참고 그 다리를 건너면 소원을 이룰 수 있다'는 것이니, 오히려 낭만적이지 않은가!

바랑꼬 동네에서는 재미있고 멋진 벽화들로 눈을 즐겁게 하고, 유명한 맛집, 까페, 박물관, 소품 전시장에 가볼 수 있다. 그리고 해변이 가깝기 때문에 그리로 내려가거나 올라오기도 수월하고, 저녁에는 와인을 한잔하면서 석양을 감상하는 것도 운치 있다.

⑤ 수도사의 투신(Salto de Fraile)

사랑의 공원에서 남쪽으로 7km 정도 내려가면 멋진 풍광의 해변이 있다. 거기서는 부서지는 파도와 석양을 감상하기도 하고, 매일 재현되는 수도사의 투신[18]장면을 구경할 수도 있다.

18 (Salto de Fraile) 두 남녀가 사랑에 빠졌으나, 신분 차이 때문에 딸의 아버지가 이들의 사랑을 반대했다. 그래서 남자는 수도원으로 보내지고 여자는 먼 곳으로 보내진다. 여인이 멀리 떠나는 모습을 보면서 수도사가 절벽에서 바다로 뛰어내렸고, 그 여인 역시 바다로 뛰어들었다.

바위에 부서지는 하얀 파도를 가까이에서 보다가 가끔 바닷물을 뒤집어쓰기도 한다. 순간 낭패감이 들기도 하지만 시원하고 재미있기도 하다. 그리고 뻬루에서 석양을 볼 때마다 느끼는 것은, 저 해가 한국에서는 아침 해이니 우리는 지구 반대편에서 같은 해를 동시에 보고 있다는 생각을 하게 된다. 이 곳을 떠나면서, 해변을 따라 산책하거나 아예 언덕 꼭대기로 올라가서 아래쪽으로 보이는 바다 풍경을 전체적으로 감상할 수도 있다. 또한 산책길에 있는 Agua Dulce 수산시장에서 펠리컨 떼도 보고 해산물을 사 오기도 한다. 이곳은 그 자체 풍경뿐만 아니라 주변에 볼 것도 많기 때문에, 우리의 생일, 기념일, 명절 때마다 놀러가는 단골 장소이다.

⑥ 물개(Lobo marino)와 수영

늑대와 춤이 아니라, 물개와 수영을!! 하기사 늑대는 Lobo, 물개는 Lobo marino라고 하니 바다늑대라고 해도 되겠다. 우리 집에서 서쪽으로 25km 정도 가면 라뿐따(La Punta)라는 바닷가 동네가 있는데, 그 앞 바다에 산로렌쏘(San Lorenzo) 섬과 조그만 섬들이 있다. 거기에서 배를 타며 유람도 하고 물개와 수영도 할 수 있다는 것을 예전에 이미 알았지만, 자꾸 미루다가 뻬루에 온 지 2년이 지나서야 거길 다녀왔다. 배 타고 섬들 사이를 지나가는데, 어떤 섬은 엄청 많은 새들과 새똥으로 덮여 있어서, 뻬루에서 처음 여행을 갔던 빠라까스(Paracas)의 바예스따스(Ballestas) 섬을 생각나게 했다(뒤에서 소개됨).

섬 가까이 가니 물개들이 간간이 보이기 시작하더니 어떤 곳에는 떼로 몰려 있었다. 바위 위에서 잠자는 녀석들, 물에서 수영하는 녀석들이 있었는데, 가끔 우어엉~ 하고 울부짖기도 했다. 마침내 물개들과 수영하는 곳에 도착하니, 이미 다른 팀들이 수영을 하고 있었다. 우리도 바닷물로 뛰어들어 물개들과 신나고 스릴 있는 수영을 했다. Mambo는 아예 셀카봉에 폰을 묶어서 가지고 들어갔는데, 우리 팀 사람들의 사진 찍어 달라는 아우성 소리가 물개 우는 소리보다 더 요란했다. 하여튼 재미있는 물개와의 수영 경험이었다.

⑦ 빠라뻰떼(Parapente)

빠라뻰떼라고 부르는 패러글라이딩도 한번 경험해 볼만 하다. 리마 바닷가(Costa Verde)에서 탈수 있는데, 위치, 시간 및 가격 정보는 인터넷에서도 찾아볼 수 있다.[19] 빠라뻰떼를 혼자 타면 어렵기도 하고 위험하기도 하겠지만, 전문 기사가 동승해서 뒤에서 능숙하게 조종을 하니 크게 두려워할 건 없다. Mambo는 아래쪽 풍경들을 감상하면서, 핸드폰과 고프로 카메라로 동시에 사진과 동영상을 찍느라고 아주 바빴다.

빠라뻰떼를 타고 잔잔한 태평양 바다 위에 펼쳐진 황금색 융단 위를 나르는 것은 환상적인 체험이었다. 때로는 아드레날린이 짜릿하게 분비되는 이런 익스트림 스포츠를 즐겨보는 것도 해 볼만하다. 그날(2022/01/31)은 음력 섣달 그믐날이었기에, 뻬루에서 본 태양은 '묵은 해'이고 한국에서는 '새해'인 셈이었다. 음력이긴 하지만, 2022년과 2023년 두 해를 동시에 바라보는 느낌이 들었다.

⑧ 천국의 언덕(Lomas de Paraíso)

뻬루의 서해안은 앞부분에서 설명한 대로 아열대 사막기후이다. 그래서 해변 지역의 산에는 나무가 없이 흙과 바위만 보이는 황량한 모습이어서, 처음에는 그게 이상하기도 했고 별로 정이 안 갔다. 그런데 2021년 8월, 집에서 15km 정도의 거리에 있는 Lomas de Paraíso에 가 봤는데, 예상치 않았던 풍경에 깜짝 놀

19 (예) https://www.condorxtreme.com/

랐다. 평상시에는 먼지만 풀풀 나는 산이 온통 초록색으로 덮여 있지 않은가? 정상으로 올라가는 길에 초록색 언덕과 꽃들을 보면서, 매주는 아니더라도 자주 오자고 약속할 정도였다. 산을 올라가면서 표지판과 설명문을 읽어보니, 매년 5월~6월부터는 안개가 끼기 시작하고 그 습기로 인해서 식물들이 자란다고 한다. 하긴 리마 시내도 겨울(6월~9월)에는 흐린 날이 대부분이고 바닷가에는 습기가 많다.

정상 쪽으로 올라가면서 보니 우렁이, 다슬기 껍데기가 엄청 많아서, 예전에 거기가 바다였는지 강이었는지 궁금하기도 했다. 정상(996m)에는 백조 상이 있었고, 그보다 아래에 있는 원주민 추장의 동상에는 Apu Siqay(신성한 곳에 오름)라는 타이

들이 붙어 있었다. 이때는 코로나가 한창 극성을 부리던 시기였는데, 많은 가족들이 애들을 데리고 거기까지 나온 게 놀라웠다. 또한 그들은 우리 부부가 신기했는지 만나는 가족들마다 같이 사진을 찍자고 해서 그것도 즐거웠다. 천국에서 이리저리 다니며 구경을 끝내고 지상으로 내려오니, 산속의 안개가 Mambo의 눈썹에까지 송글송글 맺혀 있었다.

그러다가 2023년 6월초에 다시 천국의 언덕에 가 봤다. 그랬더니 아망까에스(Amancaes) 꽃이 온 언덕을 뒤덮고 있지 않은가? 2년 전에 꼭 보고 싶었던 꽃이었는데, 그때는 꽃은 이미 다 지고 열매들만 달려 있어서 매우 아쉬웠었다. 이 꽃은 뻬루의 해안지역에만 자생하는 멸종 위기종이라고 한다. 또한 리마 시의 심볼이기도 하고, 10솔짜리 새 지폐에도 들어가 있다.

비가 거의 오지 않는 기후이기 때문에, 리마 주변에 있는 모든 산들은 대부분 1년 내내 황량하다. 그러나 몇몇 산들은 6개월 정도 그렇게 황량하다가, 가을~겨울(5월~10월) 동안에는 짙게 끼는 안개 덕분에 푸르른 산으로 변한다. 참으로 신기하지 않은가? 이처럼 한 계절만 초록산으로 변하는 곳으로는 리마 외곽에 Lomas de Lúcumo, Lomas de Lachay가 있는데, 비슷하면서도 각각 다른 풍경이 볼 만하다.

(2) 꾸스꼬(Cusco)

꾸스꼬는 마추삑추 및 주변 관광코스의 베이스 캠프 도시이다.

해발고도가 3,400m 정도나 되기 때문에, 여행객들은 거의 대부분 두통을 동반한 고산증(soroche, 소로체)을 느낀다. 고도가 높은 곳에서 두통이 오는 이유는, 기압이 낮고 신체에 필요한 산소가 부족하여 혈관이 확장되고 혈류량이 증가하기 때문이다.

고산증에는 꼬까(coca) 잎을 씹거나 무냐(muña) 잎을 차로 마시기도 하고, 약국에서 알약(Soroche pill)을 사서 먹기도 한다. 그러나 고산증은 사람에 따라서 정도의 차이가 크고 약을 먹어도 어차피 어느 정도는 머리가 아프기 때문에, 되도록 심호흡을 충실히 하고 가능하면 호텔방을 자주 환기 시키는 게 좋다. 그리고 식사량은 평상시보다 좀 적게 하고, 술, 담배는 자제해야 한다. 고산병 증상이 심할 경우에는 고도가 낮은 지역으로 내려가는 게 최선이지만, 그걸 실행하는 사람은 보지 못했다. 오히려 폐부종 또는 뇌부종이 생길 정도로 증세가 아주 심해서 병원 신세를 졌다는 경우는 들어본 적이 있다. 그러나 우리 부부가 5천m(무지개 산)까지 올라가 봤지만 그런 심한 증상은 없었으니 미리 겁먹을 필요는 없다. 이런 저런 걱정이 많으면 여행 자체가 스트레스가 되어 제대로 즐길 수가 없으니, 마음을 편하게 갖고 느긋하게 여행을 즐기는 것이 좋다.

우리 일정은 2019/04/26~05/04였는데, 날씨가 대체로 좋아서 비 오는 날은 없었고 아주 춥지도 않았다. 하지만 호텔방에서는 난로를 사용해야 할 만큼 밤 기온이 쌀쌀했었다. 꾸스꼬에 도착해서 1~2일 정도는 고지대 적응도 할 겸 시내를 걸어 다니면서 지리도 익히고, 12각돌 등 몇몇 관광 포인트를 짚어보고 다녔다. 그리고는 별도로 꾸스꼬 시내 및 주변을 돌아볼 수 있는 시티투어(보통 Mirabus 또는 Bus Panorámico)를 이용했는데, 싼 가격으로 시내 주변 유적들을 방문하고, 높은 곳에 올라가 시내 전경을 내려다볼 수 있었다. 규모가 큰 도시에서는 대중교통을 타고 다니며 구경할 수도 있지만, 꾸스꼬에는 높은 지대가 많아서 시티투어를 이용하는 것이 현명한 선택일 수 있다.

꾸스꼬 시내에 도착해서 제일 먼저 눈에 들어온 꽃은 바로 뻬루의 국화인 깐뚜따(Cantuta)였는데, 대부분 빨간색이지만 노란색 변종도 있었다. 그런데 한국의 인터넷 사이트(네이버 지식iN, Daum 백과, 개인 블로그 등)에서는 엉뚱하게도 해바라기가 뻬루 국화로 소개돼 있었다. 어찌 그런 잘못된 정보나 지식이 별다른 검증없이 다시 인용되고 재전달되고 있을까? 정치적인 이슈는 고의적으로 왜곡되거나 과장되어서 전달되고 결국 사람들의 생각을 파고들지만, 다른 나라 국화는 그럴 만한 것이 못 되는데도 어찌 잘못된 정보가 확산될까 하는 의문이 들었다. 그러나 의문만 품고 그냥 두고 보는 것은 옳지 않다고 판단되어, 네이버 지식iN에는 직접 글을 써서 정정했고, Daum 백과에는 정정을 요청했다. 특히 Daum 백과에서는 뻬루에 대한 다른 몇 가지 오류도 함께 바로잡아 주었다.

다음 날에는 시내에서 가까운 삭싸이와만(Sacsayhuamán)과 근처의 다른 유적들을 돌아봤는데, 삭싸이와만은 지진에도 무너지지 않는 내구성을 가진 잉까인들의 뛰어난 건축 기술과 지혜가 담긴 곳이다. 잉카제국의 수도였던 꾸스꼬에서 매년 6월 24일에 열리는 태양의 축제 인띠 라이미(Inti Raimi, 태양의 축제 및 추수감사)가 이곳에서 개최된다. 시기가 맞지 않아 그 축제는 못 봤지만, 삭싸이와만에서 본 뻬루붓꽃은 정말 아름다워서 그냥 지나칠 수 없었다.

이어서 희생의 방이 있는 미로 유적지인 껜꼬(Q'enqo), 성스러운 샘이란 뜻을 가진 잉까 목욕탕 땀보마차이(Tambomachay), 그리고 잉까의 전령들이 도보로 정보를 전달하던 붉은 요새 뿌까뿌까라(Pukapukara) 등을 돌아보았다.

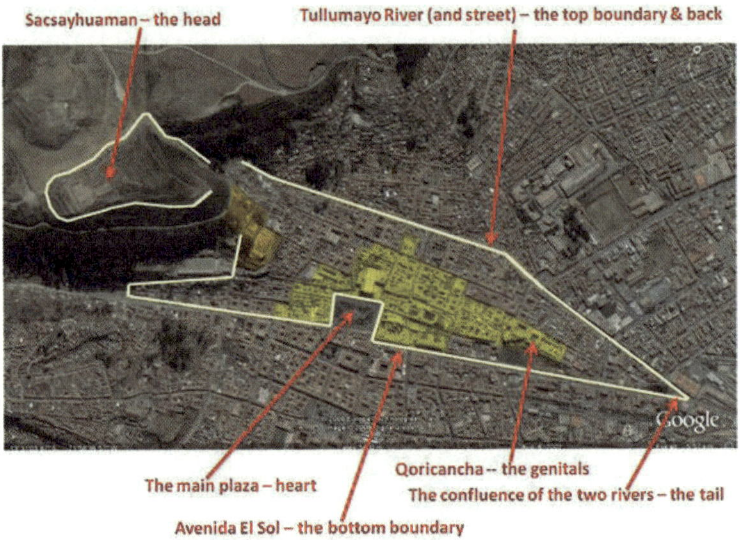

잉까인들은 퓨마(puma)가 땅을 다스린다고 믿었는데, 꾸스꼬

가 그 형상을 하고 있다는 것이다. 각 부위별 위치는 다음과 같다.

- 머리: 태양의 축제(Inti Raymi)가 열리는 삭싸이와만
- 심장: 시의 중심에 해당하는 아르마스 광장(Plaza de Armas)
- 배: 아르마스 광장을 따라 연결된 태양의 거리(Avenida el Sol)
- 배꼽: 태양의 신전 꼬리깐차(Qorikancha)

그럼 꾸스꼬를 기준으로 하여 우리가 다녔던 여행지를 몇 그룹으로 나눠보자.

① **시내 도보여행:** 잉까 시대 건축술의 정교함을 보여주는 12각 돌, 꼬리깐차(Qorikancha), 박물관, 성당, 산뻬드로 시장 등은 시내를 걸어다니며 구경할 수 있었음

② **시내 주변여행:** 삭싸이와만(Sacsayhuamán) 같은 유적들은 하루 일정의 버스투어로 충분했음

③ **마추삑추:** 그 지역에서 하룻밤을 묵고, 아침 9시 출발하여 마추삑추를 구경한 후, 밤 늦게 꾸스꼬로 돌아왔음

④ **외곽 지역:** 총 3~4일 (아침 꾸스꼬 출발, 오후 꾸스꼬로 복귀)

- Salineras(산속 염전)
- Moray(원형 계단식 농장)
- Pisac(산속 마을 및 무덤)
- Valle Sagrado(성스러운 계곡)

- Chinchero(수공예/염색 마을)

⑤ 장거리 지역

- Vinicunca(무지개산): 당일치기(새벽 5시 출발, 저녁에 복귀)
- Chonta(꼰도르 조망): 당일치기(아침에 출발, 저녁에 복귀)

며칠 동안 다녀 본 소감으로는, 꾸스꼬 및 외곽 지역은 큰 부담 없이 다닐 수 있었고, 마추삑추와 무지개산은 비록 거리가 멀고 꼬박 하루씩 소요가 되었지만 빠뜨릴 수 없는 곳이었다. 그리고 꼰도르를 볼 수 있다는 기대감을 안고 갔던 Chonta에서는 꼰도르가 비상하는 모습을 제대로 보지는 못했지만, 오고 가는 길에 본 여러 가지 풍경, 사람들 모습, 특히 선인장 연지벌레 등의 경험으로 그 여행이 그리 아깝지 않았다.

마추삑추(Machu Picchu)

삐루 여행에서 첫 번째로 꼽히는 마추삑추! 한국 여행자들은 대부분 이곳을 보려고 그 먼 길을 마다하지 않고 지구 반대편까지 온다. 잉까의 상징인 마추삑추는 일반적인 도시가 아니라 황제의 별장 또는 대피소로서, 1,450년부터 1,530년까지 사제 및 보조자들 약 750여 명 정도가 거주했다고 한다.

마추삑추(Machu Picchu)

꾸스꼬에서 마추삑추로 가는 날에는, 오전에 삐삭(Pisac), 오후에 성스러운 계곡을 방문한 후, 오얀따이땀보(Ollantaytambo)에서 저녁을 먹었다. 왜냐하면 거기에서 아구아깔리엔떼(Agua Calientes, 마추삑추가 있는 마을)로 가는 기차를 타야 했기 때문이었다.

마추삑추로 가는 기차요금이 매우 비쌌지만, 다른 육로교통이 매우 불편하고 시간이 아주 많이 걸리기 때문에 어쩔 수 없었다.

우리는 기차요금으로 왕복 1인당 $146의 거금을 지불했는데, Lima-Cusco 왕복 항공권이 $58이었으니, 기차요금이 얼마나 비쌌지 알 수 있다(항공료의 2.5배 이상). 물론 기차 요금도 날짜와 시간대에 따라 조금씩 차이가 있고, 여행사에서의 요금이 인터넷 가격과 차이가 있을 수 있으니, 미리 비교해 보는 것도 좋다(Inca Rail 또는 Peru Rail).[20] 참고로 꾸스꼬에서 출발하여 마추삑추를 다녀오는 방법은 우리처럼 여행사 프로그램과 연계할 수도 있고, 잉까레일이나 뻬루레일 사이트에서 별도로 교통편을 예약할 수도 있다(당일투어 가능). 잉까레일은 꾸스꼬-오얀따이땀보 구간은 버스편으로, 오얀따이땀보-아구아깔리엔떼 구간은 기차편을 패키지로 제공하며, 뻬루레일은 꾸스꼬-아구아깔리엔떼 구간에 기차편이 있으니 적절히 선택하면 될 것이

20 (Inca Rail) https://incarail.com/en/, (Peru Rail) https://www.perurail.com/

다(소요 시간은 공히 4시간 정도).

반면, 시간 여유가 있고 트레킹을 좋아한다면, 기차를 타는 대신, 3박 4일 일정으로 주변 풍경을 보면서 걷고 캠핑도 하는 잉까 트레일(Inca Trail)을 선택할 수도 있다(1박 2일짜리도 있음). 그런 프로그램의 가격은 약 $700 정도라고 하며, 하루 500명으로 제한하기 때문에 미리 예약을 해야 한다(단, 2월은 휴식기간).

기차는 철도의 상태가 안 좋아서 좌우로 일렁 일렁하며 서행을 했고, 기껏 40여 km 정도를 가는데 1시간 40분이나 걸렸다. 그래도 어쩌겠는가? 요금이 비싸든 시간이 오래 걸리든 간에 선택의 여지가 없었으니, 기차에서 주는 차를 맛있게 마시며 흔들흔들하는 기차에 몸을 맡기고 여행을 즐겼다.

마추삑추 산 아래에 있는 마을 아구아깔리엔떼(Agua Calientes)는 '뜨거운 물'이라는 뜻인데, 동네에는 실제로 온천도 있다. 다행히 꾸스꼬(3,400m) 보다 고도가 훨씬 낮아서 몸이 편안했다(2,068m, 스마트폰 앱). 아침에 호텔방 창문을 열고 밖을 내다보니, 높은 산이 우뚝 서 있고 그 아래로 계곡물이 힘차게 흐르는 모습이 보였다(Urubamba 강).

아침 먹기 전에 우선 마추삑추 입장권을 사러 나갔다. 외국인은 152솔, 내국인은 64솔로 금액 차이가 큰데, 우리는 뻬루 신분증이 있었기에 내국인 요금으로 입장권을 살 수 있었다. 그런데 차도 옆에는 여행객들이 길게 줄을 서서 마추삑추행 버스를 기다리고 있었다. 버스 요금은 외국인 성인은 왕복 $24(내국인은 $15)로 책정되어 있었다. 요금이 비싸기도 했지만 문제는 승차 대기열이 1~1.5 시간 걸린다는 것이었다. 아침을 먹으면서 아내와 상의하니, 그 정도 대기 시간이면 버스를 타기보다는 걸어 올라가 보자고 한다. Mambo는 아내의 의견에 대찬성이었고, 아내의 그런 생각이 얼마나 기특하고 고마웠는지 모른다. 왜냐하면 등산하듯이 슬슬 걸어 올라가면, 주변 경치도 구경할 수 있고 이것 저것 감상하며 느낄 게 얼마나 많은가!

보통의 여행 블로그에는 의례히 버스를 타고 마추삑추에 올라가는 게 정석인 것처럼 써 있다. 우리 모두가 다시 한번 생각할 것은 어느 누구의 여행기도 그냥 그 사람의 경험일 뿐이지 표준이 아니라는 것이다(물론 Mambo의 경험도 마찬가지겠지만). 그러므로 참고는 하되, 각자 자기에게 맞는 선택을 하면 된다. Mambo는 편안한 관광보다는 스스로 개척하는 여행을 좋아하기 때문에, 즐거운 마음으로 마추삑추로 향했다.

버스 기다리는 사람들을 뒤로하고, 여러 가지 꽃들을 감상하며 계곡물을 따라서 걸었다. 우리처럼 걸어가는 독일인 부부와 대화를 나누며, 이것저것 사진을 찍으며 걷다 보니, 40분 정도 걸려서 등산로 입구에 도착했다.

입구에 있는 안내판('HIKING TRAIL')에는 버스 차도와 등산로가 표시되어 있었다. 버스들은 경사가 완만하지만 지그재그 모양으로 길게 만들어져 있는 길을 오르내리고 있었다(7.1km). 반면 등산로는 좀 구불구불하지만 대부분 버스 길을 가로질러서 올라가도록 만들어져 있었다.

한국의 여느 등산로와 크게 다를 것 없지만, 올라가는 동안 수많은 꽃들을 보았고, 우뚝 솟은 봉우리와 거기에 걸린 구름은 마치 그림 같았다. 그런 풍경을 감상하면서 쉬엄쉬엄 올라가니 마침내 마추삑추의 입구이자 버스 종점에 올라섰다. 해발 고도는 2,430m로서 등산로 입구와의 고도 차이가 350m 밖에 안되고,

걸어 올라간 거리는 1.26km, 시간은 1시간 14분 정도 걸렸다. 결국 버스 출발점에서부터 계산하면, 우리는 걸어서 2시간 만에 버스 종점에 도착한 것이었다.

약간의 고산증에도 불구하고 한발 한발 천천히 걸어 올라감으로써, 마추삑추에 오르는 풍경을 만끽하고 스스로에게도 대견한 추억을 만들어 낸 아내에게 진정으로 고맙게 생각했다. 이 정도의 거리와 높이를 오르는 것은 웬만한 체력이면 누구나 할 수 있는 것이니, 약간의 용기와 시간적인 여유만 있다면 버스를 타기보다는 이것저것 구경하면서 걸어서 올라가는 게 훨씬 좋다고 생각한다.

한편, 마추삑추 입구에 들어서면서 사람들이 화장실 앞에 길게 줄을 선 모습이 보였는데, 화장실 이용 요금을 2솔씩이나 받는 거 아닌가? (시내에서는 보통 0.5솔) Mambo는 그게 매우 불쾌했다. 입장료도 비싸게 받으면서 또다시 화장실 이용 요금을 받다니… '급하면 돈내고 들어가고, 싫으면 관두라'는 식의 돈벌이 심보가 혐오스럽게 느껴졌다. 모름지기 인간의 생리 현상은 그렇게 장삿속으로 이용할 것이 아닌데, 인간으로서의 존엄성이 침해받는 느낌이 들었다. 차라리 그 요금을 입장료에 포함시켜서 미리 받는 것이 훨씬 품위가 있지 않은가? 실제로 앞에서 언급한 입장요금이 왜 그 금액으로 책정됐는지, 이미 화장실 요금이 포함됐는지는 알 수 없는 노릇이었지만, 애써 그런 생각을 지우며 본연의 여행 목적에 충실하게 마추삑추 안으로 들어섰다.

마추삑추 사진을 보면 보통은 높이 솟은 와이나삑추(Huayna Picchu) 산봉우리를 병풍처럼 앞에 두고, 잉까 시대의 마추삑추 마을을 내려다보는 풍경이다. 마추삑추는 께추아(Quechua) 말로 늙은 산, 와이나삑추는 젊은 산이라는 뜻이다. 마추삑추 산이나 와이나삑추 산까지 등산을 하려면, 입장료를 추가로 내야 하고 입장시간도 오전에 2회만 있으니 새벽부터 좀 부지런히 서두르고 시간관리를 잘 해야 한다.

보통의 여행 코스는 마추삑추 마을을 조망하기 위해 언덕으로 올라갔다가, 다시 마을 쪽으로 내려가서 여러 가지 유적 및 석조물을 보며 다니는 것이기 때문에, 전체를 보는데 그리 많은 시

간이 걸리지 않는다. 우리는 추가로 '잉까의 다리(Puente Inka)' 쪽도 다녀왔는데, 오고 가는 동안에 보이는 산, 구름, 강물 등의 풍경들이 장관이었다.

특히 여기저기 피어 있는 꽃들은 다른 데서는 보기 힘든 진귀한 것들이었기에, 마추삑추의 여기저기를 둘러보는 게 참 즐거웠다. 그러나 대부분의 꽃들은 고수들에게 물어도 답이 안 나와서 그냥 감상하는 것으로 만족해야 했는데, 마추삑추 마을을 걷다가 우연히 애기분홍달맞이꽃을 발견하였다. 우리도 그 꽃을 보고 엄청 반가웠지만, 그 이쁜 꽃이 2,400m 높이의 마추삑추 유적 사이에 피어 있다는 것이 꽃 애호가들에게 큰 흥미를 유발시키기도 했다.

애기분홍달맞이꽃

이 책을 읽은 후에 마추삑추에 가는 분이 있다면, 유적 배경으로 사진 찍는 것 말고도 하늘, 구름, 산, 계곡, 강물, 꽃, 나무, 새, 동물들도 눈여겨보고, 그것들을 즐기는 여행이 되기 바란다.

혹시 비라도 한바탕 오면 그것도 축복이다. 왜냐하면 피어오르는 물안개로 풍경이 시시각각 변화하는 것을 볼 수 있을 테니까. 그렇게 주변 사물을 폭넓게 보고 감상하는 여행 방식은 세상 어디를 가더라도 똑같이 필요한 것이다.

마추삑추 마을에서 유적들과 자연스레 뒹구는 기암괴석을 보면서, 이런 생각이 들었다. 잉까 시대에 이 높은 곳에 마을을 만들면서 얼마나 많은 사람들이 죽고 고생을 했을까? 정치적, 종교적 권력을 쥔 상위층들의 뜻에 따라, 서민들은 많은 바위들을 다듬고 옮겨야 했을 테고, 다른 건축자재들도 저 높은 산꼭대기까지 가져가야 했을 것이다. 몇백 년이 지난 지금 우리는 그 앞에서 한가롭게 기념사진이나 찍으며 구경을 하지만, 한번쯤은 그런 생각을 하며 지난 역사를 되돌아보는 것도 그런 유적의 의미를 느끼는 또 하나의 방법일 것이다.

마추삑추에는 방목되고 있는 야마(llama)들이 있어서 여행하는 재미를 더해 주는데, 아래 사진은 야마가 포효하는 것이 아니라 하품하는 모습이다. 뻬루의 안데스 산악지대를 여행한다면, 야마와 비슷한 동물들이 몇 종류가 있으니 미리 예습해 보고[21], 그중에서 특히 야마와 알빠까의 실물을 구별해 보기 바란다.

무지개산(Vinicunca) 및 꾸스꼬 외곽

무지개산은 꾸스꼬에서 140km 정도의 거리에 있다. 새벽 5시에 꾸스꼬를 출발해서 도중에 Cusipata 마을에서 간단한 아침을 먹고, 오전 9시 반쯤 무지개 산에 도착하였으니 시간이 꽤 많이 걸렸다. 되돌아오는 길은 무지개 산에서 오후 1시 반에 꾸스꼬를 향해 버스가 출발했고, 도중에 늦은 점심을 먹고 꾸스꼬에 도착하니 이미 저녁때가 되었다. 그러니 무지개 산은 하루를 고스란히 할애해야 하는 코스이다.

무지개 산은 무지개 색깔만큼이나 여러 개의 이름을 가지고

---

21 야마(llama), 알빠까(alpaca), 비꾸냐(vicuña), 과나꼬(guanaco)

있다. 비니꾼까(Vinicunca)는 뻬루 원주민 토속언어인 께추아(Quechua)어로 '색깔 있는 산'이라는 뜻이며, Montaña Arcoíris, Montaña de 7 Colores, The Rainbow Mountain 등 여러 이름으로 불린다. 무지개 산은 고도가 5,000여 m나 되기 때문에 겁이 덜컥 나지만, 정상 가까운 곳까지 버스가 올라가고, 거기서부터는 말을 타고 가거나 걸어서 올라갈 수 있으니 꼭 도전해 볼 만하다.

대부분의 여행자들은 말을 타기보다는 걸어서 올라가는데, 한 걸음 한 걸음 천천히 걷고 쉬엄쉬엄 가다 보면, 1시간 반 정도 후에는 전체 풍경을 조망할 수 있는 곳까지 오를 수 있다. 애마부인처럼 말을 타는 경우에는, 말에서 내린 후 30~40분 정도 올라가면 된다. 걸어서 올라가면 좀 힘들긴 해도 그 나름대로 재미가 있고, 말을 타고 올라가면 풀 뜯는 알빠까(alpaca)와 설경도 여유 있게 감상하고 주변 경치를 자세히 살필 수 있어서 좋다. 비록 크게 힘들지 않더라도 이런 기회에 말을 타보는 것도 재미있는 경험이 될 것이다.

산등성이에 올라서니 해발 고도가 5,036m이라는 표지판

이 보였고, 폰으로 기압을 확인해 보니 557mbar로서 1기압(1,013mbar)의 절반 정도 밖에 안되었다. 그 정도의 높이와 기압에서는 아무래도 산소가 많이 부족하지만, 몸을 많이 움직이지 않고 경치를 구경하니 호흡하는데 큰 어려움은 없었다. 무지개산의 색깔은 계절과 시기에 따라 차이가 있는데, 아마도 토양이 머금은 습도에 따라서 달라지는 것 같다. 높은 산에는 흰 눈이 쌓여 있고 가까이 보이는 산들은 울긋불긋 여러 가지 색깔을 보여주니, 좀 힘들어도 직접 올라가서 감상하는 보람이 있었다.

그렇게 무지개산의 절경을 만끽하는 사람들 가운데는 알빠까를 데리고 올라온 원주민들도 보였다. 그들은 원색 복장에 모자를 쓰고 멜빵을 맨 전통 복장이었고, 알빠까도 털을 단정하게 빗고 한껏 뽐낸 차림새였다. 아마도 관광객들과 기념사진을 같이 찍어주는 아르바이트를 하는 듯했다.

원주민과 알빠까

붉은 계곡(Valle Roja)

무지개산 구경을 끝내고 내려갈 때, Mambo는 다른 사람들처럼 올라왔던 길을 그냥 내려가기가 섭섭하여 붉은계곡(Valle Roja) 쪽으로 향했다. 일부 극성 여행자들은 무지개산에 조성되어 있는 몇 가지 코스를 트레킹(trekking) 하기도 하지만, 붉은계곡 코스는 시간이 크게 많이 소요되는 것이 아니고 어차피 내려가는 길에서 약간 벗어나는 것이기 때문에 부담없이 거쳐가 볼 만하다. 실제로 언덕 위에 올라서서 보면 붉은 황토 흙으로 덮인 산들이 여기저기 보이는데, 무지개산과는 또 다른 장관이었다.

지금 생각해도 5,000m라는 높이가 아찔하지만, 그래도 나이가 더 들기 전에 다녀온 것이 다행이고, 그런 여행을 위해서는 평소에 건강관리를 잘 해 두는 것이 중요하다는 생각이 들었다.

꾸스꼬 외곽의 다른 볼거리 중에서, **마라스 염전(Salineras de Maras)**은 해발 3,200m나 되는 산속에 있는 4,500여 개의 소금밭이다. 잉까 시대부터 소금을 채취해 왔다는 염전에는 계곡에 있는 구멍으로부터 짠물이 시원스럽게 공급되고 있었다.

그래서 정말로 짠지 맛을 보기도 했는데, 어떻게 그렇게 높은 곳에서 짠물이 끊임없이 나오는 걸까? 그런 미스터리와 함께, 마라스 염전에서는 마그네슘, 칼슘, 칼륨 및 규소를 포함한 아름다운 '천연 핑크 소금'이 생산되고 있다.

모라이(Moray) 농장은 해발 3,500m의 평야에 위치하고 있으며, 깊이가 30여 m나 되는 동심원 형태의 계단으로 구성되어 있는데, 다양한 높이에서 작물 재배 실험을 수행한 잉까 농업연구센터였을 것으로 추측되고 있다. 농장의 구조로 인해 중심은 온도가 더 높고 외부로 갈수록 온도가 점차 낮아지기 때문에, 최대 20가지 유형의 미기후를 시뮬레이션할 수 있다고 한다. 잉까인들은 모라이 테라스를 특별한 농업을 위한 장소로 사용했으며, 귀중한 작물 중의 하나인 코카(coca) 잎을 개발하기 위한 것이었다는 설도 있다.

작은 마추삑추로 불리우는 **삐삭(Pisac)**은 계곡에 위치한 마을과 상부에 위치한 잉까 유적지로 구성되어 있으며, 잉까 시대 만들어진 건축물 유적, 돌담, 수로, 다리, 묘지 등과 계단식 농지를 볼 수 있다. 마을 바로 옆에 위치한 산에 뻥뻥 뚫린 구멍들은 옛 무덤이라고 한다. 띠뽄(Tipon)은 잉까 시대의 관개수로 시설인데, 이 수로는 물이 마르지 않는다고 한다. 삐삭 은 꾸스꼬 및 Piquillacta와 함께 삼각형을 형성하는데, 잉까 시대에 적의 공격으로부터 도시를 보호하기 위해 계획되었다고 한다.

바예사그라도(Valle Sagrado, 성스러운 계곡)는 계곡 사이를 흐르는 많은 개울이 있고, 우루밤바 및 깔까 지방의 수많은 고고학적 기념물과 토착민이 있다. 이 계곡은 양호한 지리 및 기후 특성으로 인해, 방대한 농업 활동이 가능하였기 때문에, 잉까인들이 주요 사원과 도시를 건설하였다. 성스러운 계곡은 2006년에 국가 문화 유산으로 지정되었다.

다음은 EBS 세계테마기행에서 보았던 선인장 벌레 이야기이다. 뻬루에 오니, 꾸스꼬 같은 안데스 지역에서는 원주민들이 옷감을 염색할 때, 꽃잎, 나뭇잎, 풀, 곡식, 소금 또는 화산재 등 여

러 가지 재료를 사용하며, 그중에 빨간색을 내는 데는 선인장 벌레(=연지벌레)를 사용한다는 얘기가 생각났다. 그래서 리마의 선인장에도 혹시 연지벌레(cochinilla, 꼬치니야)가 있는지 찾아봤지만, 선인장은 깨끗할 뿐 아무리 찾아봐도 벌레는 없었다. '아마도 온습도 조건이 맞지 않는가 보다'라고 생각하며 꾸스꼬에 갈 날만 기다렸다. 마침내 수공예와 염색으로 유명한 **친체로(Chinchero)**에 가보니, 각지각색의 염색 재료들이 전시되어 있었다. 하지만 선인장에 기생하는 살아있는 연지벌레는 거기에도 없었다.

며칠 후 꾸스꼬의 **촌따(Chonta)** 지역을 여행하다가 길가의 선인장에서 그걸 발견하였다. 호기심 많은 Mambo가 어찌 그런

찬스를 지나치랴? 직접 연지벌레를 잡아서 눌러보니, 정말 검붉은 피가 생각보다 많이 나왔다. 저 연지벌레의 붉은 진액에 무얼 섞느냐에 따라 색깔이 다양하게 달라지며 무려 24가지 변화를 줄 수 있다고 한다. 그러니 원주민들이 연지벌레를 염색 재료로 활용한 것이 당연하게 여겨졌다.

(3) 띠띠까까(Titicaca)

바다같이 넓은 띠띠까까 호수는 3,800m나 되는 높은 곳에 위치해 있다. 지구상에는 그보다 더 높은 곳에 몇몇 작은 호수들이 있기도 하지만, 여객선이 다니는 정도의 큰 호수로는 띠띠까까 호수가 세계에서 가장 높은 곳에 있다. 께추아 말로 띠띠(titi)는 퓨마, 까까(caca)는 바위를 의미하는데, 전설에 따르면 최초의 잉까 황제가 이 호수의 바위를 타고 지상으로 내려왔는데, 그 바위의 모양이 퓨마의 머리 모양을 가졌다고 한다.

띠띠까까는 시간 여유가 많은 1월쯤에 다녀 오려고 했다가, 그때는 비가 자주 오는 시기이기 때문에 날짜를 앞당겨서 다녀왔다. 왜냐하면 다른 지역과는 달리, 띠띠까까는 날씨가 청명해야 탁 트인 시야로 바다 같은 호수를 조망할 수 있기 때문이었다. 그래서 2022년 11월에 날씨예보를 면밀히 살피다가 4~5일 정도 쾌청한 날씨가 이어지는 시기를 골랐다.

띠띠까까 호수는 뻬루와 볼리비아의 국경이 있기도 한데, 볼리비아는 바다가 없기 때문에 이 호수에 해군기지를 가지고 있다고 한다. 굳이 비자가 필요한 볼리비아 쪽까지 가는 게 번거롭기도 해서, 이번 여정은 다음과 같이 뿌노(Puno) 앞바다와 주변 섬으로 잡았다.

일차	방문지 및 숙박
1	훌리아까(Juliaca) 공항, 시유스따니(Sillustani) 유적, 뿌노(Puno)
2	우로스(Uros) 섬 주변 구경 및 숙박
3	따낄레(Taquile)섬 및 아만따니(Amantani)섬 구경 및 숙박
4	훌리아까로 이동, 리마로 복귀

뿌노로 가는 길에 **시유스따니(Sillustani)** 유적지를 방문했다. Pre-Inca 시대(1,200~1,450)의 무덤 추야빠(Chullapa)가 있는 곳이다. 추야빠는 돌을 쌓아 만든 원통형 분묘로 그 평균 높이가 4~6m에 달하는데, 지금은 여기저기 많이 훼손되어 있다.

아랫쪽에 있는 아름다운 우마요(Umayo) 호수를 보면서 천천히 산책하듯 걸어서 다녀오면 왕복 1시간 반 정도가 걸린다. 마을 입구에는 기념품 판매점들이 양쪽으로 늘어서 있고, 마을 앞 광장에는 기념 동상들이 있다. Sillustani는 입장료가 15솔인데, 매달 첫 번째 일요일은 무료라고 한다.

뿌노항 선착장의 매표소에서는 각 행선지별로 당일 혹은 1박 2일 프로그램을 예약할 수 있다. 각 프로그램들은 뿌노를 출발했다가 다시 뿌노로 복귀하는 것이지만, 우리는 뿌노로 돌아오지 않고 중간에 내렸다가 다음날 다른 배를 타고 다음 목적지로 이동했다(물론 해당 프로그램을 각각 예매).

뿌노 항구를 뒤로하고 첫 목적지인 **우로스(Uros)** 섬으로 향했다. 우로스 섬은 그냥 일반적인 섬이 아니라, 또또라(totora)라는 수초를 쌓아서 만든 섬이다. 즉, 집과 마당이 물 위에 둥둥 떠 있는 것인데, 호수 안에 길게 형성된 공간 양쪽에 그런 수상 가옥들이 줄지어 떠 있다.

우로스 섬에 도착하여 주민들이 생활하는 모습을 살펴보며, 궁금한 점을 물어보고 그들의 설명을 듣기도 했다. 수초를 쌓은 두께는 3m라고 하며 필요시에는 수초를 더 쌓는다고 하는데, 그 공간에서의 활동이 그리 불편하지는 않았다. 집집마다 소용량 태양광 시설이 설치돼 있는 걸 보니, 원시적인 생활공간과 첨단 기술이 공존하는 모습이었다. 화장실 처리가 궁금해서 물어보니, 오물 처리는 구청에서 해 준다고 한다. 주민들의 생계수단으로는 수공예품 판매, 식당 또는 매점 운영, 숙소 제공, 배편 제공 등이 있으며, 물고기를 잡기도 한다.

우리는 호수에 떠 있는 섬인 우로스에서의 하룻밤을 체험해 보고자 미리 예약해 놓은 숙소(100솔)로 향했다. 그런데 막상 도착해 보니 숙소의 분위기와 서비스가 별로 맘에 들지 않아 그곳을 떠났다. 그리고는 점심때 단체로 방문했던 Capital los Uros(Hanan Pacha)로 다시 돌아갔더니 50솔에 묵고 가라고 유혹하길래, 못 이기는 척하고 거기서 맘 편하게 하룻밤을 보냈다.

저녁에는 사방이 탁 트인 호수에 둥둥 떠있는 수초 섬에서 아

름다운 석양을 감상했고, 다음날 아침엔 수초에 맺힌 서리와 얼음을 밟으며 산책을 했다. 새 아침에 보이는 뿌노의 모습이 평화스러웠고, 아빠와 어린 아들이 모터보트를 타고 어디론가 가는 모습도 정겨웠다. 이렇게 우로스 섬에서의 체험은 우리 여행을 더욱 특별한 추억거리로 만들었다.

다음날은 우로스 섬을 출발하여, 청명한 날씨에 바다 같은 호수를 시원하게 감상하며 **따낄레(Taquile)** 섬으로 향했다. 3시간 동안의 유람선 여행 끝에 따낄레 섬에 도착하였고, 섬 위에 있는 광장으로 걸어 올라가니(3,927m) 넓은 호수가 하늘과 맞닿은 듯 멋진 장관이 펼쳐졌다. 마을 곳곳에는 돌로 만들어진 아치형 돌 대문이 방문객들을 기다리고 있었다. 이 섬은 전통 수공예품(artesania)의 장인들로 유명하며, 이들의 직물을 짜는 기술은 유네스코 인류 무형문화유산으로 등록되어 있다고 한다. 따낄레 섬에서 점심 식사 전후에 여기저기 구경을 하고, 아만따니 섬으로 이동했다.

바다같은 호수

Taquile 섬

아만따니(Amantani) 섬까지는 1시간 걸려서 도착하였고, 배에서 내려서 숙소까지 올라가서 짐을 풀었다(3,866m). 그리고 시간을 보니 오후 5시쯤 되었기에 호수 아래로 떨어지는 석양을 보려고 정상을 향해 걸어 올라갔다. 그러나 4,055m쯤 높이에 올라가니 이미 해가 저물기 시작했다. 힘이 좀 들기도 했고, 정상(4,150m)까지 올라가 봐야 해는 이미 수평선 아래로 내려갔을 테니, 아쉽지만 그냥 숙소 쪽으로 되돌아왔다. 그리고 숙소에서 편안하게 호수를 감상하며 휴식을 취했다. 다음날 아침, 마을을 산책하면서 담장 너머로 뻬루의 국화인 깐뚜따(Cantuta) 꽃이 풍성하고 탐스럽게 피어있는 것을 보았다. 이 섬에는 깐뚜따 꽃이 많기 때문에, 'Isla de Cantuta'라고도 불린다.

Amantani 광장

숙소 밖 풍경

그동안 별러왔던 띠띠까까 호수를 좋은 시기에 가서 잘 보고 왔다. 해발 3,800m라는 높이도 아찔하지만, 그 높은 곳에 바다 같은 호수가 있다는 게 아직도 신기할 따름이다.

(4) 빠라까스(Paracas)- 이까(Ica)- 나스까(Nasca)

4년전 뻬루에 와서 처음으로 시외로 떠난 여행! 원래는 3월 중순에 가려고 교통편, 호텔을 미리 다 예약해 놨었는데, 7장에서 얘기한 것처럼 시외버스 타는데 신분증 원본을 요구하는 바람에 좌절되고, 그로부터 2주가 지난 4월 초에 첫 여행을 다녀왔다.

리마에서 남쪽으로 260km 정도 거리에 있는 빠라까스(Paracas)는 휴양지로도 유명하지만 근처에 있는 바예스따스(Ballestas) 국립자연보호구역으로 더 유명하다. 빠라까스에는 골프장, 해수욕장, 자연보호구역 등이 있으나, 시간이 많지 않은 경우에는 새들의 천국인 바예스따스 섬을 방문하는 것이 1순위이고, 인근 도시인 이까(Ica), 나스까(Nasca)를 방문하는 것이 좋다.

바예스따스 섬 관광은, 빠라까스 항을 출발하고 나서 40분 정도 후에 섬 근처에 도달하여 섬 주변을 30분 정도 돌아보는 프로그램이다. 그 정도 시간이면 천천히 섬을 일주하며 기암괴석으로 이루어진 섬의 여기저기를 보면서, 거기에 서식하는 물개, 바다사자, 각종 새들을 볼 수가 있다.

섬 위에는 엄청나게 많은 새들이 무리지어 있거나 공중을 날아다닌다. 물개들은 비탈진 바위 위에 걸쳐 있듯이 엎드려 있거나 자갈밭에 떼로 몰려 있으며, 가끔 특유의 우엉우엉하는 소리를 낸다. 예전에는 섬에 쌓인 새똥, 즉, 구아노(guano)가 중요한 수출품이었다고 하니, 얼마나 많은 새들이 서식하는지 짐작할 수 있다. 섬에는 훔볼트 펭귄, 펠리칸, 삐께로(piquero), 바다까마귀, 도요새, 갈매기, 물떼새 등 다양한 종류의 새들이 산다고 한다.

바예스타스(Ballestas)

빠라까스에서 일정을 끝내고 **이까(Ica)**로 이동했다. 거기에서 볼 만한 두 가지 포인트는 와이너리(winery)와 모래사막이다. 대표적인 와이너리 중의 하나인 따까마(Tacama)에 가면 주변이 넓은 포도밭으로 둘러싸여 있고, 내부에는 대형 양조시설들이 즐비하게 설치되어 있다. 그리고 와이너리 내부를 투어하는 동안에는 거기에서 생산한 와인들을 시음할 수 있고, 까페떼리아에서는 기호에 따라 맛있는 음식을 주문할 수 있다. 식사를 하는 동안에는 넓은 정원에서 펼쳐지는 뻬루의 전통 춤인 마리네라(marinera) 공연을 보며 여유를 즐길 수도 있다. 마리네라는 우아하고 로맨틱한 2인조 커플 댄스로서 뻬루 해안지역에서 발달해 왔다. 해마다 1월 마지막 주에 뻬루 북부 해안 뜨루히요(Trujillo)에서 전국 규모의 성대한 댄스 경연대회가 열린다(2023년에는 리마와 인접한 까야요(Callao)에서 개최됨).

Tacama 와이너리

Marinera

이까의 명물인 와까치나(Huacachina) 모래사막은 그 규모가 크고 경치가 좋아서, 뻬루에서도 손꼽히는 관광지 중의 하나이다. 거기에서 4륜 버기(Buggy)를 타고 모래밭을 질주하다가, 가파른 언덕에서 샌드 보딩(boarding)도 하며, 저녁에 모래산 너머로 지는 해를 보는 것은 모험과 여유, 그리고 아름다운 경관을 모두 만끽할 수 있는 특별한 추억으로 남는다.

몇 년 전, 중국의 우루무치 사막에서는 낙타를 타고 모래밭을 이리저리 다녀 본 적이 있다. 그때는 모래산과 사람들을 천천히 구경하는 맛이 있었고, 와까치나 사막에서 버기를 타고 질주하는 것은 또 다른 맛이었다. 버기에는 운전사 포함 열두 명이 타는데, 가파른 경사를 고꾸라지듯이 내려갈 때는 동승한 여자들과 아이들이 꺄~ 하고 비명을 지르곤 했다. 그리고 언덕을 빠르게 올라갈 때의 상승감은 낙타를 타는 것과는 또 다른 재미를 주었다. 샌드 보딩은 썰매를 앉아서 타고 내려오는 거지만, Mambo는 예전에 스노우보드 타는 것처럼 자세를 잡고 내려와 봤다. 하지만 생각만큼 폼이 나지는 않았다. 스노우보딩을 접은 지도 오래됐지만, 모래밭의 질감이 눈으로 만들어진 스키장만큼 매끄럽지가 않아서 보드가 말을 잘 듣지 않았던 것이다. 그래서 멋진 스노우보딩 모습을 보여주지 못해서 아쉬웠다.

와까치나(Huacachina)

와까치나에서 또 다른 볼거리는 잃어버린 협곡(Cañon de los perdidos) 투어와 Golden Shadow Trek이다. 잃어버린 협곡 투어는 오전 6:30에 호텔 픽업으로 시작해서 오후 3:00에 숙소에 도착하는 프로그램이 일반적이다. Golden Shadow Trek은 오후 3:30에 출발하는 3시간짜리 트레킹 프로그램이다. 그림자마저도 금빛으로 보인다는 아름다운 석양을 경험해 볼 수 있다.

나스까(Nasca)는 땅 위에 그려진 여러 가지 그림(Líneas de Nasca, 나스까 문양)으로 유명하다. 나스까 문명은 B.C. 100~A.D. 800년 시기에 융성했는데, 사막에 그려진 거대한 지상화를 누가 왜 그렸는지에 대해서는 설이 분분하다. 그림이 워낙 크기 때문에 고대 나스까인들이 천문학적 목적으로 그렸다는 설도 있고, 외계인이 우주선 착륙을 위한 표지판으로 그렸다는 설까지 있다. 1994년에 유네스코에서 세계문화유산으로 지정됐지만 도로건설 등으로 자꾸 훼손되고 있다고 한다.

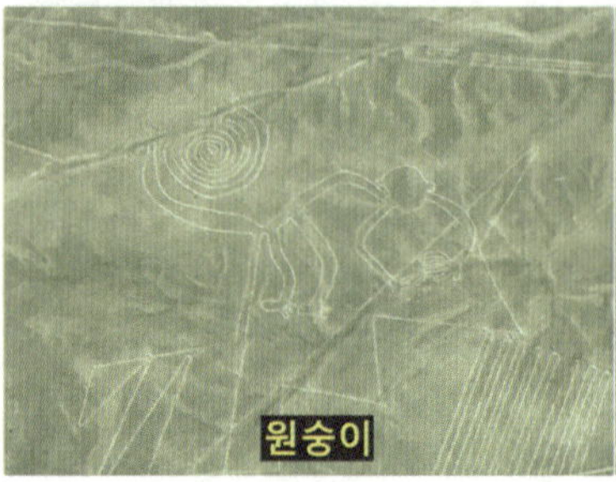
원숭이

벌새

그림은 고래, 우주인, 원숭이, 벌새, 꼰도르, 앵무새, 거미, 나무 등 수십 개가 있고 기하학적 모양까지 합치면 300개 정도가 있다고 한다. 그림의 크기가 수십m~300m까지 되기 때문에 땅에서는 그 모양이 보이지 않고, 오로지 비행기를 타고 어느 정도 높이까지 올라가야 그림의 전체 형태가 파악된다. 그래서 새삼스레 궁금증이 생겼다. 도대체 그 옛날에 누가 하늘에서나 봐야 제대로 알아볼 수 있는 저런 거대한 그림을 그렸을까? 이러한 그림을 통해서 무엇을 표현하고 싶었을까? 비행기는 1차로 지상 200m 정도의 높이로 올라가서 그림을 보여 주다가, 2차적으로는 360m 정도 높이까지 올라갔다. 이때 양쪽에서 모두 볼 수 있도록 빙빙 돌면서 방향을 바꿔 주기도 했다. 비행기에서는 나스까 문양을 찾아보는 게 목적이지만, 그냥 사막, 농경지, 마을을 보는 것만으로도 좋은 구경거리가 된다.

(5) 와라스(Huaraz)

빼루의 안데스 지역에는 해발 6,768m인 와스까란(Huascarán) 산이 있으며, 그 아래 있는 도시 중의 하나가 와라스(해발 3,052m)이다. 한국 사람들은 주로 마추삑추를 찾지만, 유럽인들은 와스까란 지역도 많이 방문한다. 거기에는 만년설산(nevado)과 호수(laguna)들이 많기 때문이다.

리마에서 밤 10:30 버스를 타니 다음날 아침 7시에 와라스에 도착했다. 한국에서는 그렇게 길게 타는 장거리 버스가 없지만, 뻬루에서는 20시간 이상 걸리는 노선도 꽤 있다. 그렇게 길게 걸리는 건 아예 엄두가 안 나지만, 와라스까지의 8시간 정도는 한번 타 보자고 맘 먹고 실행했던 것이다. 밤 버스라서 잠을 자면서 가니까 그리 힘들지는 않았다. 와라스는 나중에 더 보기로 하고 오전에 거기를 떠나 융가이(Yungay)로 향했다.

융가이는 53년전의 대지진(1970.5.31, 진도 7.9)과 후속 눈사태로 인해서 도시가 완전히 묻히고 많은 사상자가 있었다고 한다. 아직도 그때의 잔해와 상흔이 여전히 남아 있으며, 큰 공동묘지도 있다. 추모공원에서는 그 당시 눈사태가 밀려왔던 오스까란 산의 만년설이 멀리 보였다.

다음 날에는 한국사람들에게 특히 인기 있는 69호수(Laguna 69, 해발 4,604m)를 목적지로 잡았다. 가는 길에 버스 안에서 보이는 양가누꼬(Llanganuco) 호수는 그 색깔과 경치가 정말 아름다웠다.

양가누꼬 호수

양가누꼬 호수에서 멀지 않은 곳에 69호수로 가는 입구가 있었다. 거기에서 버스에서 내려 산행을 시작하는데, 출발점과 69호수와의 고도 차이는 약 700여 m, 거리는 약 7km 정도였다. 그리 만만치 않은 코스여서 주변을 둘러봤지만 다른 곳과는 달리 타고 올라갈 말이 없었다. 그냥 걸어 올라갈 수밖에 없었기에, 걷다가 쉬고, 숨을 고르고 또 올라가곤 했다. 올라가는 길에 에메랄드빛 호수, 설산, 폭포, 안데스의 꽃들, 방목하는 소들을 만날 수 있었다. 탁 트인 풍경과 깨끗한 공기 속을 걷는 건 좋았지만, 위로 올라갈수록 숨쉬기가 힘들어졌다.

출발 후 약 5km쯤 걸으니(약 2시간 40분 소요), 깔딱 고개에 올라서면서 작은 호수가 하나 보였다(해발 4,380m, Mambo는 깔딱 호수라고 함). 이때는 8월말 겨울이고 고산 지대이다 보니, 바람이 많이 불고 날씨가 추워서 고민을 좀 했다. 계속 올라갈 것인가 그만 내려갈 것인가? 69호수는 1시간 정도만 더 가면 도달할 텐데… 그러나 무리할 필요가 뭐 있나? 그까짓 호수가 뭐 대단하다고? 괜히 그거 보려다가 혹시 무슨 일이라도 생기면 그게 어리석은 일 아닌가? 그래서 과감하게 발길을 돌려서 하산했다. 한참 걸어 내려와서, 출발 지점에 기다리고 있던 버스에 오르니 몸이 그렇게 편안할 수가 없었다. 더 무리하지 않고 내려오길 참 잘했다는 생각과 함께 미소가 저절로 나왔다.

69호수가 부담스럽다면 근처의 빠론호수(Laguna Parón, 4,200m)를 도전해 보는 것도 좋다. 그곳은 버스가 정상 근처까지 가기 때문에 걸어서 20여 분만 가면 호수에 도착할 수 있다. 와라스는 트레킹의 천국이다. 3박 4일간 안데스 고산 지역의 사방으로 둘러싸인 설산에 도전하는 산따끄루쓰(Santa Cruz) 트레킹, 빠론호수 일대를 즐길 수 있는 파라마운트 트레킹, 그리고 와스까란 국립공원과 빠스또루리 빙하(Nevado Pastoruri)를 둘러보는 빠스또루리 빙하 트레킹이 있다. 모두 해발 3,000m 이상의 고지대에서 이루어지는 만큼 고산증세 극복을 위한 컨디션 조절이 중요하다.

다시 와라스로 돌아와서는 걸어서 여기저기 시내구경을 하기도 하고, 버스를 타고 높은 지역 동네에도 가 봤다. 그 중에 큰 바위들로 유명한 우안착(Huanchac)이라는 마을을 방문했다. 우안착 마을 광장에서는 수호 성인 축제를 하느라고, 가면과 여러가지 분장을 하고 춤들을 추고 있었다. 거기에는 아이들도 춤꾼으로 참여하고 있었기에 한참동안 춤과 음악을 감상했다. 축제를 구경하는 동네 사람들이 맥주를 박스로 갖다놓고 마시기에, 그들과 얘기 좀 나누다가 맥주도 한잔 얻어 마셨다.

마지막 일정으로는 빠스또루리(Pastoruri) 만년설을 보러 갔는데, 가는 길에 전봇대처럼 쭉쭉 솟은 뿌야 라이몬디(Puya Raimondi) 군락을 만났다. 해발 4,200m쯤에서 본 뿌야는, 영하

의 날씨와 척박한 환경에 적응하여, 높이 10~12m까지 자라며 80~100년 동안 생존한다고 한다. 일생에 한 번 꽃을 피우는데, 약 8,000개의 크림색 꽃에는 손가락만 한 벌새(picaflores)들이 꿀을 따러 모여든다고 한다. 그러나 우리는 아쉽게도 그런 광경을 직접 보지는 못했다. 그렇게 꽃을 피우고 나면 꽃대는 검게 변하고 아랫부분은 마치 황금색 치마처럼 변하면서 일생을 마무리하는데, 그 고고한 자태 때문에 '안데스의 여왕'이란 별명이 붙었다고 한다.

이전에 올라갔던 무지개산(5,036m)만큼이나 이번에도 설산의 해발고도가 5,000m가 넘고 전날의 69호수 트레킹으로 피로감이 남아 있었기에, 버스에서 내린 후에 말을 타 보기로 했다. 하지만 그 거리는 매우 짧아서 1km의 거리, 겨우 15분 정도의 승마 체험 후 아쉽게도 말에서 내렸다. 그 후 완만한 길을 따라서 약 30분 정도 걸어 올라가니 거대한 눈 덩어리가 우리 눈앞에 나타났다. 가쁜 숨을 잘 다스리며 올라온 보람이 있었다.

그러나 이곳 설산의 풍경은, 마치 미국에서 그랜드 캐니언에 갔을 때처럼, 처음엔 우와~ 하고 탄성을 지른 후 그 이후의 풍경이 그게 그거여서 더 이상 탄성이 나오지는 않았다. 하지만 5,000m까지 올라서 빙산을 보았다는 성취감도 느끼고, 청정한 하늘과 설산들 그리고 주변 호수들을 감상하는 것만으로도 충분했다.

와라스 여행을 마치고 리마로 돌아올 때는, 안데스에서 꼬스따로 이어지는 경치를 구경하기 위해서 밤 버스를 타지 않고 낮 버스를 타 봤다. 오전 11시에 출발하는 버스를 타고 420km를 달리니 저녁 7시 15분에 리마에 도착했다. 점심은 버스에서 제공하는 도시락을 먹었다(버스운임 70솔에 포함). 우리는 2층 맨 앞 자리에 앉아서 차창 밖으로 보이는 경치를 구경하며 왔다. 리마로 돌아오는 경로를 보면, 와라스(3,025m)를 출발하여 도중에 4,100m 고원을 지난 후에는 서부 해안까지 계속 내리막 길이었다. 그 사이의 풍경은 높은 산악지역 모습에서 해안 가까이의 농경지 모습까지 다양하게 바뀌었다. 마침내 해안 도로에 안개가 자욱하게 낀 것을 보고 리마 가까이 왔다는 것을 실감할 수 있었다.

와라스 지역을 편도 8시간 반이나 걸리는 밤 버스와 낮 버스로 다녀 온 것은 가끔 해 볼만한 경험이었고, 비록 힘들기는 했지만 만년설, 폭포, 호수 등을 보며 고산 지대를 탐험한 것도 재미있는 추억이다.

(6) 아레끼빠(Arequipa)

아레끼빠는 뻬루에서 두번째로 큰 도시이지만 인구는 리마의 1/10 정도 밖에 안된다. 고도가 2,335m로서 안데스 도시들 중에서는 낮은 편에 속하기 때문에, 아레끼빠에서는 비교적 몸이 편안했다. 도시 주변에는 Misti 화산 등 6,000m 내외의 화산들이 우뚝 우뚝 솟아 있어서 특이한 풍경을 연출하고 있고, 화산

석으로 만들어진 벽이 도시를 하얗게 보이게 하므로 '백색 도시(Ciudad Blanca)'라고도 불린다.

Misti 화산(5,822m)

백색 도시

도시의 분위기는 리마보다 비교적 조용하고 깨끗한 편이었다. 아레끼빠의 경우에도 시티투어를 이용해서 화산과 도시의 풍경을 조망할 수 있고, 대중교통을 이용해서 여기저기 다녀볼 수 있다. 가까운 거리는 걸어서 다니기도 했는데, 오르막길을 올라갈 때는 숨이 차서 좀 힘들기도 했다. 시내에는 공원들도 잘 조성되어 있고, 광야에서나 볼 수 있는 비꾸냐(vicuña)를 사육하는 모습, 여자들이 알빠까 새끼를 안고 다니는 모습도 볼 수 있었다.

비꾸냐

알빠까 새끼

아르마스 광장은 뻬루에서 둘째 가라면 서러울 정도로 아름다운 경관을 가졌다. 우리는 주변의 2층 식당에서 광장의 멋진 야경을 내려다보며, 치즈아이스크림(Queso Heladod)과 와인을 맛있게 마신 적이 있다(멋+맛).

아르마스 광장(멋+맛)

또한 아레끼빠에서는 안데스 음식뿐만 아니라 해산물 음식도 맛있는 것이 많으니 이것저것 경험해 볼 만하다. 특히, 피망처럼 생긴 로꼬또에 고기와 채소를 채운 로꼬또 레예노(Rocoto relleno)는 아레끼빠에서 유명한 음식 중의 하나인데, 그 모양을 한 큰 조형물이 도시 중심의 한 로타리에 세워져 있기도 하다.

로꼬또 레예노

조형물

아르마스 광장에서 두 블록 거리에 산따 까딸리나 수도원(Monasterio de Santa Catalina)이 있다. 큰 기대감은 없었으나, 40솔이나 하는 비싼 입장료를 내고 들어가 봤다. 순간 붉은 빛깔의 화려한 아치형 문들이 넓은 정원과 함께 따뜻하게 맞이해 주었다. 넓은 수도원 내부는 마치 작은 마을처럼 여기저기 골목길이 있고, 박물관, 침묵의 뜰, 공동 빨래터도 있었다. 다음 골목으로 나아가니 또 파란색 벽을 가진 원색의 건물들이 있고, 골목마다 나타나는 여러 가지 모습에 매료되기도 했다.

Santa Catalina 수도원

아레끼빠 시내에서 200여 km 정도 떨어진 곳에는 꼰도르(condor)가 비상하는 모습을 볼 수 있는 곳이 있다. 꾸스꼬 여행시에도 꼰도로를 볼 수 있다는 Chonta 계곡에 갔었지만 속 시원하게 보지 못했는데, 아레끼빠의 꼴까 까뇬(Cañón del Colca, 꼴까 캐니언)에서는 꼰도르의 우아한 모습을 잘 감상할 수 있었다. 시간만 허락된다면 꼭 한번 가 볼만하다.

꼰도르는 스스로 날갯짓을 해서 날기보다는 햇빛에 데워진 공기의 상승기류를 타고 오른다고 하는데, 실제로도 거의 날개를 팔락거리지 않기 때문에 더 우아해 보이는 것 같았다. 아마 이러한 모습과 몸길이 1.3m, 날개 길이 3m, 체중 10~15kg이나 되는 거대한 몸집 때문에, 뻬루에서는 영웅이 죽으면 꼰도르로 환생한다는 전설이 생겨난 것 같다. Mambo가 꼴까에서 꼰도르를 구경하다 보니, 사이먼 앤 가펑클(Simon& Garfunkel)의 노래로 유명한 엘 꼰도르 빠싸(El Condor Pasa)가 저절로 흥얼거려졌다.

당일치기의 경우에는 버스가 새벽 3시쯤 출발해서 오후 5시쯤 아레끼빠 시내로 돌아온다. 꼴까로 가는 길 도중의 고지대에서는 주변의 화산들을 바라볼 수 있는 전망대가 있었기에, 모두 버스에서 내려서 눈발에서 멀리서나마 화산들 모습을 구경했다. 오고 가는 길에 보이는 마을, 계곡, 농경지, 광야 등의 풍경도 놓칠 수 없는 장면들이었으며, 아레끼빠 시내로 돌아오는 길에는 야외 온천(Baños Termales Chacapi)의 뜨거운 물에 몸을 담그며 힐링하는 여유를 가진 것도 아주 좋았다.

아레끼빠에서 본 꽃 중에는 바나나시계초(Passiflora tripartita)와 송엽국을 소개할 만하다. 바나나시계초는 열매인 뚬보(tumbo)가 길쭉해서 그런 이름이 붙었다. 그리고 여태까지는 분홍색 송엽국을 많이 봤는데, 아레끼빠에서는 빨강, 분홍, 주황, 노랑, 흰색을 모두 한곳에서 보았다.

(7) 꼬스따(Costa, 해안 지역): 뚬베스~삐우라

한창 여름인 2023년 1월에 바다 휴양지로 유명한 북부 해안을 다녀왔다. 바닷가 해안 여행은 비교적 단순하기는 하지만, 여행 기간을 충분히 잡아서 여유 있게 다녔다. 여행 경로는, 뻬루 최북단 해안도시인 뚬베스(Tumbes)까지 비행기로 가서, 남쪽으로 내려오며 해안 휴양지들을 즐기다가, 삐우라(Piura)에서 여행을 마무리하고 리마(Lima)로 돌아오는 것이었다.

뚬베스~삐우라 지역은 삐우라 강과 치라(Chira) 강이 흐르는 뻬루 최대의 쌀 생산지이다. 차를 타고 지나다 보니, 벼를 베고 난 논과 새로 모내기 한 논들을 많이 볼 수 있었다. 벼농사는 2모작으로 7월과 12월에 수확을 한다. 그리고 달리는 차창가 너머로 석유를 시추하는 기계들도 볼 수 있었다. 이처럼 뚬베스~삐우라 지역은 뻬루의 농업 생산 지대이면서 석유 생산까지 하는 매우 중요한 지역이고, 북부 해안 관광의 중심지이다.

① 국경 마을, 싸루미야(Zarumilla)

첫날엔 도착하자마자, 그동안 궁금했던 뻬루-에꾸아도르 국경 쪽으로 가 봤다. 국경에 있는 동네는 뻬루 쪽에는 싸루미야(Zarumilla), 에꾸아도르 쪽에는 와끼야스(Huaquillas)인데, 국경선이 위치한 길 위에 뻬루는 빨간색, 에꾸아도르는 파란색의 표지판이 있었다. 내용은 "방문해 주셔서 감사합니다(Gracias por su visita)"라는 환송 메시지와 "어서 오십시오(Bienvenido)"라는 환영 메시지이다.

국경 포인트에서는 신분증 확인이나 비자 검사도 없이 마치 한 나라, 한 동네처럼 자유롭게 왕래하고 있었다. 지금까지는 그런 경험이 없었기에, 그게 참 신기하기도 하고 부럽기도 했다. 우리도 기왕 에꾸아도르 땅에 들어섰기에, 거기서 한참 동안 이곳저곳 돌아다니면서 구경을 한 후에 다시 뻬루로 귀국했다.

첫날 숙소는 싸루미야의 아르마스 광장에 있는 모텔이었는데,

창밖으로 공원 풍경이 내려다보여서 아주 좋았다(숙박비 겨우 40솔). 그 공원은 여러가지 나무들로 조경이 참 잘 되어 있었는데, 그중에 처음 보는 멋진 꽃나무가 있었다.

꽃은 시계추덩굴을 닮은 붉은 색이었고 열매는 긴 줄에 주렁주렁 달려 있었다. 주로 뚬베스 지역에서 많이 볼 수 있는 이 나무 이름은 마따꼬후도스(Matacojudos)로서 '바보 잡는 나무'라는 뜻이다. 열매가 큰 것은 3kg까지 되는데, 바보(cojudo)같이 아무 생각도 안 하고 나무 밑으로 지나가다가 혹시 열매가 머리 위로 떨어져서 죽을 수도 있으니 조심하라는 얘기이다.

공원에서 특히 보기 좋았던 것은 벤자민 고무나무의 조경 예술이었다. 앞에 소개했던 것처럼 리마에서도 벤자민으로 여러 가지 모양을 만들어 놨지만, 이곳의 조경 예술이 한 수 위였다. 그동안 새나 짐승들 모양으로 만들어 놓은 것은 많이 봤지만, 사람 모양, 교회당 모양, 게다가 글자까지 만들어 놓은 것은 참 대단했다. 그야말로 개성 가득한 멋진 작품 전시장이었다. 이런 풍경이 좋았기 때문에 삐싸로 항구(Puerto Pizarro)에 다녀와서도 싸루미야에 있는 모텔에서 하룻밤을 더 묵었다.

벤자민 조경 예술

② 삐싸로 항(Puerto Pizarro)

삐싸로 이름이 붙은 항구로 가면서 이런 생각이 들었다. 삐싸로(Pizarro)는 잉까 문명을 종식시킨 침략자인데, 왜 뻬루에서는 삐싸로뿐만 아니라 에스빠냐에 대한 적대감이 거의 없을까? 언어도 에스빠뇰이 토착 언어를 누르고 중남미의 생활 언어가 되었듯이, 290년 동안의 식민지 기간 동안에 모든 게 동화되어서 그럴까?

빼싸로 항은 맹그로브(Mangroves) 숲으로 유명한데, 유람선을 타고 사랑의 섬(Isla del Amor), 고래뼈 섬(Isla Hueso de Ballena), 새들의 섬(Isla de los Pájaros), 악어 양식장(Zoocriadero de Cocodrilos) 등을 거쳐 다니는 동안, 뿌리가 바닷물 위로 노출된 맹그로브 나무들을 볼 수 있었다. 그리고 악어 양식장 진입로에서는 구멍 속으로 들락거리는 빨간 게들이 많이 보였다.

③ 여우해변(Playa Zorritos)

다음날에는 여우해변으로 내려갔다. 해안에는 야자나무 몇 그루가 파도에 휩쓸려서 붉은 뿌리를 드러내 놓고 쓰러져 있기도 했다. 그런데 여우해변에서 먹은 점심은 구절판 아니 오절판 같은 세트 메뉴인데, 뻬루에서는 이런 것을 론다(Ronda)라고 부른다. 원래 강강술래처럼 아이들 여럿이 손잡고 빙빙 돌면서 노는 걸 '론다'라고 하는데, 거기에서 따온 이름이라고 한다. 그런데 재미있는 건, 사전에서 Ronda의 뜻도 순찰, 순라(=술래)이다.

④ 뿐따쌀(Punta Sal)

뿐따쌀(Punta Sal)에 도착하니, 숙소에 풀장이 있어서 여유있게 수영을 즐겼다. 그리고 바다에서는 파도를 안고 뛰어넘기도 하고, 파도 밑으로 들어가 숨기도 하며, 바닷물과 함께 신나게 놀았다. 그리고 저녁에는 바다로 떨어지는 석양이 하늘을 온통 붉게 물들이기에, 그 태양을 손안에 담아 보기도 했다.

뿐따쌀에서의 멋진 날을 보내고 망꼬라(Máncora)로 내려가 보니, 바다에서는 젊은이들은 서핑을 많이 즐기고 있었고, 해변엔 사람들도 제법 많았다. 뻬루의 젊은이들에게 망꼬라는 다이

빙과 서핑, 해변에서의 승마 체험 및 모터바이크 등을 즐길 수 있는 장소로 인기가 있다고 한다. 하지만 모래밭에는 말똥이 굴러다니고 바윗돌들이 많아서 우리에게는 별로라는 생각이 들었다. 게다가 미리 찍어둔 숙소에는 방도 없고 물가는 비싸서 좀더 한적한 오르가노스(Organos) 해변으로 내려갔다.

⑤ 오르가노스(Organos) 해변

오르가노스에서는 해변이 내려다보이는 위치에 숙소를 잡았다. 그리고 테라스에 있는 썬베드(sun bed)에 누워서 시원한 바닷바람과 해변 풍경을 즐겼다. 여기에서도 부서지는 파도를 받으며 해수욕을 즐기기도 했지만, 별도 프로그램(Nado con tortugas)에 참가했다. 그것은 배를 타고 바다를 유람하다가 거북이들과 수영하는 것이었다. 전에 리마 앞바다에서 해 봤던 물개와의 수영보다는 스릴이 덜했지만, 가까이에서 펠리칸도 보고 거북이를 만져보기도 하면서 재미있게 수영을 즐겼다. 그러면서 생기는 궁금증은, 거북이들이 관광업자들 사업을 도와주니 뭐라도 좋은 걸 얻어 먹으려나? 아무래도 그런 환경을 만들어 주니, 거북이들이 거기에 살면서 관광객들을 즐겁게 해 주는 것 같았다.

⑥ 뻬우라(Piura)

뻬우라에 도착한 후, 우선 인근 소도시 까따까오스(Catacaos)

와 출루까나스(Chulucanas)를 다녀왔다. 까따까오스는 금은 귀걸이 등의 장신구 및 보석 세공(joyas)과 밀짚모자로 유명하다. 그리고 매년 1월에는 대형 호스로 쏘는 물 세례를 온몸으로 받으면서 신나게 노는 망게라쏘(Manguerazo) 카니발도 있다. 하지만 우리 여행일정과는 날짜가 맞지 않아서 물 세례를 뒤집어 쓰지는 못했다.

삐우라에 돌아와서는 많이 돌아다니지 않고 휴식을 취하며 여행을 마무리했다. 아르마스 광장 근처 공원의 놀이터에서는 아이들이 많이 모여서 놀고 있었고, 스케이트 보드장에서도 신나게 노는 게 인상적이었다. 리마에서도 마찬가지이지만, 뻬루에서는 애들한테 '공부해라, 공부해라' 잔소리를 안 하는 듯하다.

⑦ 꽃과 열매, 음식

여행 기간 동안 많은 꽃과 열매를 봤는데, 처음 본 님(Neem) 나무는 이름도 좋았고 은은한 향기가 아주 좋아서 인상 깊었다. 바닷가에서는 해변포도(Uva de Playa)를 관찰하는 것도 즐거웠고, 달달한 잼을 만드는 따마린도(Tamarindo)는 지금까지 열매만 봤었는데 이번엔 꽃까지 봐서 좋았다. 그리고 단맛을 내는데 쓰는 알가로보(Algarrobo) 열매도 많이 보였다.

바다에 가까운 뚬베스, 삐우라 지방의 먹거리에는 단연코 쎄비체(cebiche)와 같은 해산물이 손꼽힌다. 그리고 맹그로브 숲으로 대표되는 뚬베스에서는 꼬막(conchas negras) 요리가 가장 대표적이다. 삐우라에서의 쎄비체는 단순히 쎄비체를 먹는다는 의미를 넘어 고수(culantro)가 들어간 녹색 따말과 바나나칩(chifles plátanos), 그리고 지역의 전형적인 콩인 싸란다하(Frijol zarandaja)의 풍미를 함께 맛보는 즐거움을 가져봄 직하다.

그래서 거의 매일 점심에는 쎄비체나 수다도(sudado, 생선찌개) 또는 세트메뉴를 먹었더니, 삐우라에 도착해서는 스테이크 맛집이 제일 먼저 눈에 들어왔다. 오랜만에 먹어보는 스테이크라서 그런지 참 꿀맛이었다. 하지만 그 다음날엔 또다시 해산물 세트를 맛있게 먹었으니, 이번 여행에서는 바닷가의 진미를 먹는 즐거움이 한몫 했다. 간혹 점심을 너무 잘 먹어서 저녁때가 되어도 배가 그리 고프지 않을 때는, 숙소에서 라면을 직접 끓여 먹기도 했다.

일주일 동안 좋은 날씨 속에서 이곳저곳 경치를 구경하며 사람들 사는 모습도 관찰하고, 해변에서 파도와 싸우며 해수욕을 즐겼다. 다양한 음식을 맛보면서 여유있게 다녔던 꼬스따(Costa) 여행에서는 고지대 여행과는 아주 다른 맛을 느꼈다. 나이가 들어 갈수록 모험과 스릴을 찾기보다는, 이렇게 편안하게 다니는 여행을 선호할 것 같았다.

(8) 시에라(Sierra, 안데스 산악 지역)

앞에서 소개한 꾸스꼬, 와라스 외에도, 리마에서 2~3시간만 벗어나면 안데스 산악 지역의 깊은 계곡과 높은 산들을 구경할 수 있다. 여기서는 승용차를 운전해서 다녀온 3곳과, 관광버스를 이용해서 다녀온 우앙까야(Huamcaya)를 소개한다.

① 안데스 산악 온천 (Churín, Huancahuasi)

빼루에 있는 한국 교민들과 SUV를 빌려서 온천여행을 다녀온 적이 있다. 그곳은 리마에서 232km 거리에 있는 추린(Churín: 2,258m)과 거기에서 멀지 않은 우앙까우아시(Huancahuasi: 3,305m)였다. 산길이라 도로 사정이 그리 좋지 않아서 시간이 꽤 많이 걸렸다. 특히 Churín~ Huancahuasi 구간은 32km밖에 안되는데 1시간 반이나 걸렸다. 하지만 높은 산악 지역에서 뜨거운 온천욕을 할 수 있다는 게 신기했고, 오고 가는 길에 보이는 푸르른 자연이 좋았다.

가는 도중 우아랄(Huaral)에서 점심으로 맛본 돼지 장작구이[22]는 음식 맛보다도 그걸 굽는 모습이 더 군침 돌게 했다. 그리고 라차이 언덕(Lomas de Lachay)에 들러서 끝없이 펼쳐진 꽃동산에도 올라가 봤는데, 리마에 있는 천국의 언덕(Lomas de Paraíso) 보다는 거리가 멀어서 그렇지 그 풍경은 나무랄 데가 없었다. 이 민둥산들은 5월부터 가을이 시작되면서 내리는 안개비로 인해서 서서히 꽃동산으로 변한다.

22 식당: Warmy de Pepe y Laura

높은 산 사이에 있는 깊은 계곡물과 호수를 보며 점점 안데스 산맥으로 들어가는 것을 실감했고, 길 옆의 밭에는 옥수수가 가득 자라고 있거나 빨따(palta, 아보카도) 나무들이 심어져 있었다. 배불리 풀 뜯어 먹고 오후 5시쯤 집으로 퇴근하는 염소 떼들을 보며, 그것들을 키우는 산악 지역 주민들의 생활이 쉽지는 않겠지만 전원생활의 평화로움이 느껴졌다.

추린에서 붉은색의 철분 탕에서 온천욕을 한 후, 다음날 우앙까우아시로 가서 본격적인 온천욕을 즐겼다. 우앙까우아

시는 1990년~2000년에 뻬루 대통령을 역임했던 후지모리(Fujimori)의 별장이 있어서 유명한 지역으로, 주변 경치도 좋고 뜨끈한 온천욕을 하기에 안성맞춤이었다.

온천물은 근처 산 어딘가에서 솟아나서, 별장 근처의 작은 도랑을 흘러 흘러서 탕으로 들어간다. 탕 안에는 오랜 세월 동안 쏟아져 내린 온천물로 생긴 붉은 석순과 석주가 거대한 코 모양을 하고 있었다. 그런데 물이 엄청 뜨거워서 그 온천물이 쏟아지는 샤워에서는 오래 견디기가 힘들었다. 탕은 여러 개가 마련되어 있었고, 야외에 만들어 놓은 노천탕에서는 여러 가족들이 즐거운 시간을 보내고 있었다.

온천물과 석순

노천온천

② 마르까우아시(Marcahuasi) 바위숲

뻬루에는 바위숲(Bosque de piedras)이 여러 지역에 있다. 리마에서 가장 가까운 곳에 있는 마르까우아시(Marcahuasi: 3,920m)는 바위숲을 보기 위하여 많은 사람들이 찾는 곳이며, 특히 젊은 사람들은 거기에서 캠핑을 하면서 밤하늘의 별을 보기도 한다.

이곳은 뻬루 친구 차를 타고 당일 치기로 다녀왔는데, 거리는 집에서 90여 km 밖에 안되지만 소요시간은 약 3시간 반 정도 걸렸다. 산길은 폭이 좁아서 마주 오는 차가 있으면 서로 비켜 가느라고 고생했고, 비포장길이었기 때문에 속도를 크게 낼 수 없었다.

바위숲에 들어가는 관문이라고 할 수 있는 산뻬드로(San Pedro de Casta) 마을에서 입장권을 사고, 아침 식사도 하고, 잠시 동네 구경도 했다. 조그만 광장에는 전통 복장의 조형물이 있었고, 마을에는 귀가 아주 기다란 염소가 있어서 그 귀를 만져주며 이뻐해 주기도 했다.

예전에는 그 동네에서 마르까우아시까지 가는 조랑말 서비스가 있었다는데, 우리가 갔을 땐 그런 게 없었다. 아마도 요즘엔 대부분 차를 타고 가까이까지 올라가니, 조랑말을 타는 수요가 별로 없어서 그런 것 같았다. 그런데 바위숲 쪽으로 올라가다 보니 손님 잃은 조랑말과 당나귀들이 터덜터덜 길을 걷고, 들판에서는 검은 소가 멀리 아래를 내려다보며 도를 닦고 있었다.

드디어 주차장에 도착한 후, 바위숲 아래에 있는 캠핑장으로 올라가 보니, 소와 당나귀들은 아무 거리낌 없이 느긋하게 텐트 주변을 돌아다니고 있었지만 아무도 그들을 귀찮게 하지 않았다.

마침내 바위숲 입구에 들어서니 큰 바위 벽으로 둘러싸인 널찍한 공간이 나타났다. 원형극장(Anfiteatro)이라는 이름이 아주 그럴 듯했다. 아래 사진은 바위 벽 위에 올라가서 파노라믹 촬영을 한 것인데, 이렇게 조금 높은 곳에 올라가서 원형극장을 내려다보면 또 다른 맛을 느낄 수 있다.

원형극장에서 한 단계만 올라서서 본격적으로 산보를 해 보면, 여러 가지 모양의 바위들이 떼로 모여 있기도 하고, 홀로 우뚝 솟아 있기도 하며, 오금 저리는 낭떠러지도 있다. 하지만 탐방로는 그리 높이 오르내리지 않고 대체로 평평한 고원을 걷는 코스이다.

조금 걸어올라가니 아찔한 풍경이 나타났다. 큰 바위가 계곡 쪽으로 뻗어 있는데, 그 아래는 천길 낭떠러지였다. 과연 낭떠러지 바위에 올라설 사람이 몇 명이나 있을까? 남이 거기에 서 있는 걸 보기만 해도 오줌을 지릴 것 같았다. 그래도 거기에 올라가서 사진을 몇장 찍고 가다보니, 근처에서 서로 껴안고 있는 커플이 있었다. 마치 낭떠러지 바위에서 살아서 돌아왔다고 기특해 하는 것처럼…

고원을 좀더 걷다보니 저 멀리 물이 보였다. 산정호수 아니,

고원호수가 있는 것이었다. 가까이 가보니 마치 울퉁불퉁한 바위 그릇에 물을 담아 놓은 것 같았는데, 그 안에는 수초도 있고 새들도 있었다. 물속에 새들이 먹을 만한 고기도 있을까?

마지막 코스로서, 고원에서 약간 아래쪽으로 걸어 내려갔다가 다시 올라오는 부담은 있지만, 그래도 빼놓으면 섭섭한 바위들이 있다. 바로 만물상과 그것의 한 부분을 차지하고 있는 얼굴 모양의 바위인데, 참으로 희한한 모양을 가지고 있었다. 그래서 많은 사람들이 여기까지 내려오니 보다리라고 생각하니, 그렇게 걷는 수고가 전혀 아깝지 않았다. 어차피 그런 걸 보러 간 거니까…

바위숲 산보를 끝내고 주차장으로 내려오니, 마을 축제가 열리고 있기에 함께 춤도 추고, 헌금도 하고, 닭죽을 먹기도 했다. 고원에서 5시간 정도 걸어서 배가 출출하기도 했으니 얼마나 맛있었겠는가? 하여튼 바위숲과 멋진 경치를 즐긴 것도 좋았고, 덤으로 마을 사람들과 같이 놀고 같이 먹을 수 있어서 참 좋은 여행이었다.

③ 시에라 코스 여행(Canta- Pomora-Huayllay)

이번에 소개할 여행 코스는 본격적인 시에라 여행으로서, 리마에서 약 220여 km 거리에 있는 우아야이(Huayllay: 4,340m)의 바위숲까지 다녀온 것이다. 끼베스(Quives)와 깐따(Canta)라는 동네를 지나서, 4,000m가 넘는 산악지대를 거치면서 많은 호수를 보기도 했다.

첫 경유지인 끼베스는 뻬루 최고 고액권(200솔) 지폐의 모델

인 싼타로싸(Santa Rosa)의 고향이라고 한다. 그래서 그 기념공원을 방문해서 우물에 동전도 던지고, 싼타로싸의 옛집에도 들어가 보았다.

깐따에서는 시내를 지나서 언덕길에 있는 식당에서 점심을 먹었는데, 아줌마 얼굴이 복스럽게 생겨서 '복순이 식당'이라고 이름을 지어 주었다. 송어구이와 옥수수를 맛있게 먹고, 언덕에 있는 유칼립투스(Eucalipto) 나무의 어린 가지를 한 아름 꺾어서 차에 실었다. 여행을 끝내고 집에서 그것을 삶은 증기를 마시며 얼굴 찜질을 하니 향기도 좋고 기분도 참 좋았다. 유칼립투스는 인후통이나 기관지염, 비염 등에 효과가 있고, 증기탕 목욕 재료로도 사용된다.

그런데 뽀모라(Pomora) 폭포를 지나갈 때쯤에는 진눈깨비가 부슬부슬 내리기 시작하더니, 추춘(Chuchun)호수에 도착하니 눈이 제법 쌓이고 있었다. 뻬루에 와서 눈 내리는 모습을 본 것은 그때가 처음이었다.

그 지역은 해발 4,400m 이상의 높은 곳인데, 무지개 호수라는 별명을 가진 과부호수(Laguna La Viuda) 외에도 크고 작은 산정호수들이 많다. 과부호수 위 언덕에는 눈이 제법 많이 쌓였고, 여러 사람들이 그 위에 올라가서 놀고 있었다.

눈 내리는 호수들 경치를 보며 가다 보니, 그 지역에서 가장 큰 마르까뽀마꼬차(Marcapomacocha) 호수로 가는 갈림길에 도착했

다. 많이 주저할 필요도 없이 그쪽으로 들어가니, 하얀 눈과 회색 구름이 멋지게 어우러진 얀딱(Yantac) 호수와 마르까뽀마꼬차 호수의 풍경을 볼 수 있었다. 뻬루에 와서 오랜만에 눈 내리는 것도 보고, 설경에 둘러싸인 호수들을 보니 감회가 새로웠다.

Yantac 호수

Marcapomacocha 호수

이렇게 여러 호수들을 구경하고 가는 길에, 추운 눈밭을 돌아다니는 알빠까(alpaca) 떼를 만나기도 했다. 그날은 눈 내리고 날도 어두워져서 길을 좀 헤매다 보니 우아야이(Huayllay)에 도착한 건 한밤중이었다. 그런데 숙소에 들어가서 확인해 보니 해발고도가 무려 4,300m 정도나 되었다. 꾸스꼬에서도 힘들었는데, 여긴 거기보다 거의 1천m나 더 높았다. 그래서 다들 잠을 설쳤고 컨디션이 별로 좋지 않았다.

알빠까 떼

밤길 운전

바위숲 풍경

다음날, 유명한 바위숲(Bosque de piedras)을 구경하는데도, 해발 4,000m가 넘으니 다들 힘들어해서 중요한 부분만 보고 리마로 향했다. 바위숲에는 거북이, 달팽이, 뚱보, 금관 쓴 스누피(snoopy), 기타 여러 가지 신기한 모양의 바위들이 많았다.

승마

리마로 오는 도중에 Canta에서 다 같이 승마체험을 했다. 말

타고 산길을 한 바퀴 돌았는데, 울퉁불퉁한 산길이라서 평지보다는 중심 잡기가 쉽지는 않았지만 오히려 스릴이 있었다.

여행은 이처럼 쉬운 길만이 아닌 울퉁불퉁한 길도 다녀보고, 더 높은 곳을 가보기도 하는 것이다. 자신의 체력을 넘어서서 너무 무리를 하면 안되지만, 가능하면 다양한 체험을 해 보는 것이 좋다는 생각이 들었다.

④ 우앙까야(Huancaya)

에메랄드빛 강물과 호수, 그리고 시원하게 쏟아져 내리는 폭포들을 볼 수 있는 우앙까야는 리마에서 300km 이상 떨어져 있는 작은 소도시이다. 정기적으로 운행되는 시외버스 노선이 없기 때문에, 밤에 리마를 출발해서 다음날 밤에 리마로 돌아오는 관광버

스를 이용했다. 참고로 거기에서 동쪽으로 140km 떨어져 있는 우앙까요(Huancayo)와는 이름만 비슷할 뿐 전혀 다른 곳이다.

여행 프로그램은 왕복 버스편 및 관광 가이드가 제공되었고, 입장료, 식사, 유람선 비용 등은 각자의 부담이었다. 현지 날씨는 아주 좋았고, 모든 것이 순조로웠으나, 오랜만에 높은 지대를 걸어 다니는 것이 그리 쉽지 않았다.

아침 일찍 우앙까야에 도착해서 잠시 마을 구경을 한 후, 우알우아(Huallhua) 호수 위 언덕까지 올라갔다(해발 3,825m). 거기에서 아래쪽으로 내려가면서 보이는 에메랄드 색깔의 호수는 눈이 시리게 아름다웠다. 이런 색깔이 보이는 이유는, 호수 물에 포함된 석회석 물질이 태양빛을 산란시키는 과정에서 주로 파장이 짧은 파란색을 가장 많이 반사시키기 때문이라고 한다. 그런데 에메랄드(emerald)는 에스빠뇰로 에스메랄다(esmeralda)이기 때문에, 곧 Mambo 대학시절에 인기가 많았던 Santa Esmeralda의 'Don't let me be misunderstood'라는 노래가 생각이 나서 계속 흥얼거리며 다녔다.

Huallhua 호수

Chuchupasca 호수

그 호수에서 배를 타고 잠시 올라가서 추추빠스까(Chuchupasca) 폭포에 도착했는데, 8월은 한창 건기이기 때문에 유량이 아주 많지는 않았다. 그럼에도, 마치 작은 이과수폭포를 보는 것처럼, 물줄기가 충분히 시원하고 멋졌다. 게다가 폭포 안에는 온몸으로 물을 받아내는 인어상도 볼 수 있었다. 풍부하게 쏟아지는 폭포를 보려면 우기가 끝난 후 3~4월이 좋다고 하는데, 그래도 폭포 위

로 올라가서 보는 Chuchupasca 호수와 뒤돌아서면 아래쪽으로 보이는 우알우아 호수는 참 아름다웠다.

다시 배 탔던 곳으로 돌아와서, 강변 언덕에 만들어져 있는 오솔길을 따라서 까르우아이노(Carhuayno) 호수와 작은 폭포들을 보며 1시간 반 정도 산책하며 내려왔다. 호수에 비친 구름은 호수가 제 놀이터인 양 여유있게 두둥실 떠다니고 있었다. 꼴로니알(Colonial) 다리를 지나서, 우앙까야 마을 가까이에 있는 까브라깐차(Cabracancha) 폭포는 꼭 봐야 할 명물이며, 그 강을 가로지르는 긴 나무다리도 볼 만했다. 리마로 돌아오는 길에 들린 삐께꼬차(Piquecocha) 호수는 유달리 잔잔하고 평온스러웠다.

우앙까야에는 리마에서 볼 수 없는 안데스 산악 지역의 꽃들이 많이 있었다. 깐뚜따(Cantuta), 따르위(Tarwi), 무띠시아(Mutisia), 까이오포라(Caiophora) 등은 여행하는 동안 우리 눈을 더욱 즐겁게 해 주었다.

아침식사로 먹은 닭국은 저렴한 서민 음식으로 전국 어디에서나 먹을 수 있는 것이고, 점심으로 먹은 송어구이 역시 안데스 산악 지역의 대중적인 음식이다.

닭국(caldo de gallina)

송어구이(trucha)

우리는 우앙까야 여행을 현지 숙박 없이 밤 버스로 왕복했지만, 만약 현지에서 숙박을 하면서 시간적 여유가 있다면 송어낚시를 해보는 것도 좋을 것이다.

(9) 시에라(안데스)~셀바(아마존)

9월 초중순에 8박 9일 동안 까하마르까(Cajamarca, 2,680m)에서 따라뽀또(Tarapoto, 300m)까지 코스 여행을 했다. 여행거리는 총 1천 km 정도 되는데, 이런 여행은 어떻게 다니는 게 좋을까? 예전에 미국, 유럽, 호주에서 여행할 때는 자가용이나 렌터카로 장거리 운전을 하면서 다녔지만, 이제 Mambo는 현지에서 대중교통 이용하는 걸 더 좋아한다. 직접 운전하면 좋은 점도 있지만 이것저것 신경 쓸 게 많기 때문에, 때론 좀 불편하더라도 대중교통을 이용하는 게 맘이 편하다.

이런 여행 코스는 각 도시를 2~3개씩 묶어서 따로따로 여행할 수도 있겠지만, 이번엔 아예 줄줄이 엮어서 하나의 코스로 만들었다. 여행이라는 게 이런저런 여건 때문에 한번 집 떠나기가 어려워서 그렇지, 일단 집을 나서면 며칠 더 돌아다니는 게 그리 어렵지는 않기 때문이다. 지금부터 소개하는 안데스 산악 지역~아마존 지역으로의 긴 코스 여행에서는 다양한 관광 명소와 유적지뿐만 아니라, 폭포, 강, 호수들도 보고 물놀이도 즐겼다.

① 까하마르까(Cajamarca)

첫날 오후에 까하마르까에 도착해서 아르마스 광장을 먼저 찾았다. 까하마르까의 전통 음식은 꾸이, 깔도 베르데(caldo verde), 우미따(humita), 송어(trucha) 요리 등이 대표적이다. 그래서 첫날 점심은 송어찌개와 과일 샐러드를 맛있게 먹었다.

점식식사 후 근처 여행사에 가보니, 여행 프로그램으로 점심을 포함한 Full day tour(135솔)도 있었고, 오전(9:30)과 오후(3:30)에 교통편만 제공하는 것도 있었다(코스당 1인 20솔). 우리는 교통편만 예약하고 나머지는 우리 취향대로 알아서 하기로 했다. 까하마르까에서 볼거리는 오뚜스꼬의 창문(Ventanillas de Otuzco), 꿈베마요(Cumbemayo) 바위숲(Bosque de piedras), 뽀르꼰 농장

Otuzco의 창문

(Granja Porcón), 잉까 온천(Baños del Inca), 그리고 아뽈로니아(Santa Apolonia) 언덕 등이다.

첫 방문지인 오뚜스꼬의 창문은 까하마르까 문명(200~800 D.C) 시기에 공동묘지로 활용되었다고 하는데, 수백 개의 바위 무덤들이 정말 창문처럼 보였다. 그런데 각각의 공간에서는 부분적인 유골들만 발견되었기에, 고고학적으로는, 1차적으로 땅에 매장한 후 2차로 이 공간에 유골을 보관한 것으로 추정한다. 즉, 납골당으로 활용했다는 얘기이다.

해발 3,500m에 위치한 꿈베마요(Cumbemayo)의 바위숲은 까하마르까 시내에서 19km 정도의 거리에 있으며, 버스 왕복을 포함해서 총 투어 시간이 4시간 소요되었다. 여기에도 여러

가지 모양의 바위들이 우뚝 서 있거나 숲을 이루고 있기 때문에, 여행자들에게 매우 인기 있는 곳이다.

Cumbemayo는 께추아어로 '작은 도랑'이라는 뜻이다. 실제로 탐방로를 따라 한참을 오르면 옛 잉카인들이 건설해 놓은 수로를 볼 수 있었다. 이는 지그재그 공법을 사용하여 물의 흐름 속도를 조절한 훌륭한 수력 공학 작품 중 하나라고 한다. 이 바위숲 속의 높은 곳에 이처럼 물이 있다는 것과 수로의 길이가 무려 8km에 달한다고 하니 참 대단하다는 생각이 들었다.

Granja Porcón

뽀르꼰 농장은 까하마르까 시내에서 40km 떨어진 곳에 위치해 있다. 오고 가는 길에, 드넓게 펼쳐진 청록의 소나무와 편백나무 숲을 달리니, 피톤치드가 저절로 몸속으로 흡수되는 느낌이 들며 기분이 아주 상쾌했다. 농장이라고는 하지만 넓은 농토와 녹지가 있는 큰 마을로서, 안에는 여러 짐승들을 사육하는 동물원도 있었고, 언덕에는 비꾸냐들이 방목되고 있었다. 동심으로 돌아가서 동물들을 보는 것도 재미있고, 말을 타고 한바퀴 돌면서 경치를 구경할 수도 있다. 농장 마을에 횃불나리라고도 불리는 트리토마(Tritoma/Kniphofia) 꽃이 곳곳에 많이 피어 있는 것이 특이했다.

다음 날에는 사람들에게 인기가 많은 잉까 온천(Baños del Inca)으로 갔다. 일상생활에서는 baño(바뇨)가 화장실을 나타내지만, 이처럼 온천을 일컬을 때도 baño라 한다. 우리는 근처에 있는 다른 큰 호텔(Hotel & Spa Laguna Seca)의 온천물과 풍경을 먼저 한

바퀴 돌아보고 나서 온천 지역으로 이동했다. 도착해 보니 잉까 온천장 주변은 택시나 모토 딱시들이 줄줄이 대기하고 있고, 여행객들과 거리의 상인들로 북적북적하는 걸 보면, 늘 사람들이 많이 모이는 것 같았다. 또한 온천장이 여러 개 있기에, 현지인들에게 물어보고 한곳을 선택해서 들어갔다.

온천장 안에도 노천탕에서 뜨거운 김이 무럭무럭 올라오고 있었다. 우리는 가족탕으로 들어가서 뜨거운 온천물에 몸을 풀고 나왔다. 탕에는 손님이 바뀔 때마다 물을 다 빼고 청소하고 소독한 후 입실을 시키고 있었다. 입실 후 스스로 탕 속에 물을 채우면 되는데, 물발이 좋아서 큰 탕이 순식간에 가득 찼다. 이용 시간이 30분이어서 처음에는 너무 시간이 짧다고 생각했는데, 전혀 짧은 시간이 아니었다.

Santa Apolonia

까하마르까를 떠나는 날 아침에는, 아르마스 광장 남쪽 가까이에 있는 아뽈로니아 언덕에 올라갔다. 아르마스 광장에서 직접 올라가려면 좀 힘이 들었을 테지만, 우리는 호텔 근처에서 버스를 타고 언덕 뒤편까지 가서, 중턱에서부터 올라갔기에 훨씬 수월했다. 이 언덕에서는 까하마르까 시내 전체를 조망할 수 있었다.

② 셀렌딘(Celendín)

셀렌딘으로 가는 길에 신부의 폭포(Cascada La Novia)도 보고 싶었지만, 9월은 건기라서 폭포에 물이 별로 없다고 했다. 그래서 곧장 셀렌딘으로 향했는데 가는 길의 전원 풍경이 참 평화롭게 보였다. 셀렌딘에 도착하여 언덕 위 전망대에 올라가니, 푸른 하늘을 배경으로 두 팔 벌려 우리를 맞이하는 예수상이 있었다. 땀 흘리고 숨 헐떡이며 높은 곳에 올라가서, 도시 전체를 파노라마로 내려다 보는 것은 특별한 맛이 있었다.

Celendín 가는 길

전망대

아르마스 광장으로 내려오니 굉장한 크기의 사이프러스(Cypress) 나무가 있었다. 나무 밑에서 올려다 보니 그 안에 큰 공간이 있기에, 어릴 적 동심이 발동되어 나무 속으로 들어가 봤다. 그 안에 공간이 워낙 넓다보니, 도대체 이 나무는 몇 살이나 됐을까? 하는 궁금증이 들기도 했다.

③ 꾸엘랍(Kuélap)

북부지방의 마추삑추라고도 할 수 있는 꾸엘랍을 보기 위해서, 오후 3시 반에 15인승 꼼비(combi)를 타고 셀렌딘을 출발하여 누에보띵고(Nuevo Tingo)로 향했다. 약 200km 정도의 꼬불꼬불 산길이기도 했지만, 중간에 휴식시간도 두 번을 가졌고, 꼼비에서 내린 후 한참 기다려서 모또 딱시를 탔기 때문에, 누에보띵고의 숙소에는 밤 11시 반에 도착했다.

그런데, 아르마스 광장으로 나가보니 띵고(Tingo) 마을이라서 그런지, 밤 12시가 다 됐는데 그때까지도 띵까띵까 마을 축제가 계속되고 있었다. 그 덕분에 밤참거리를 살 수 있어서 고맙다는 생각이 들었다.

새 아침이 밝았다. 꾸엘랍으로 가는 방법으로는 자동차 도로도 있지만(거리 34km), 그 경로보다는 곤돌라(Gondola)를 타고 올라가는 게 정답이다. 마을 위쪽 언덕에서 셔틀버스를 타면 곤돌라 승차장까지 5~6분 정도 밖에 안 걸린다. 우리가 첫 손님이었고(08:30 첫차), 오르내리는 상하행 곤돌라 캐빈에는 우리 외엔 아무도 없어서, 마치 우리만을 위해서 곤돌라가 운행되는 것 같았다. 곤돌라에서 내려다 보니 산등성이에는 걸어서 올라가는 길이 꼬불꼬불 보이고, 사방의 경치가 훤히 보였다. 정상 근처까지 올라가는 동안, 사진 찍고 동영상 찍고 경치 구경하면서 신나게 곤돌라 놀이를 즐겼다.

꾸엘랍의 곤돌라는 이 지역의 관광 촉진을 목적으로 2017년 3월에 운행을 시작했단다. 안전하고 편안하고 빠른 곤돌라 시스템이다(거리 약 4.5km, 편도 25분). 곤돌라는 매일 08:30부터 운행되지만, 일요일에는 운행되지 않고(주간 정비), 또한 5월 중순경에도 약 10일간은 케이블 장력 조절 때문에 운행되지 않는다고 하니(연간 정비), 일정에 참고할 필요가 있다.

곤돌라 하차장에서 꾸엘랍 정상까지는 1.4km밖에 안되지만, 마침 멋진 말 한 마리가 대기하고 있기에 애마부인을 그 위에

태웠다. 그런데 막상 도착해 보니, 허물어진 담벽의 보수공사가 진행되고 있었다. 아쉽게도 윗마을에는 올라가 보지 못하고 꾸엘랍 외관과 입구에 있는 박물관을 구경했다. 그리고 야외 천막 음식점에서 치즈 옥수수(choclo con queso)를 안주로 해서 와인과 치차모라다를 한 잔씩 마시고 내려왔다.

빼루의 아마존에 위치한 해발 4,000m의 고대 성벽 도시인 꾸엘랍은 잉까 제국 이전의 Chachapoyas 문명에 의해 건설되었다. 약 11세기~16세기 사이에 사람이 거주했을 것으로 추정된다. 북쪽으로 우꾸밤바(Utcubamba) 계곡이 내려다보이는 산등성이에 위치한 마을은, 그 길이가 약 600m, 폭이 110m에 달하며, 성벽의 가장 높은 곳은 19m나 된다고 한다.

다시 곤돌라를 타고 내려오니, 마을에서는 축제가 진행되고 있었다. 간밤의 춤추고 놀던 축제와는 달리, 이날은 학생들이 그룹별로 전통적인 생활 모습을 보여주는 테마를 가지고 가장행렬을 했고, 부모들은 물론 온 마을 사람들이 함께 참여하고 있었다. 예상치 않은 구경거리를 만난 셈이었는데, 매년 9/8~9/9에 마을 축제가 있다고 하니 전날에 이어서 날짜 운이 좋았다. 전통복장을 한 아이들은 생 목화, 알빠까 털, 실 잣는 도구를 들기도 하고, 알빠까와 조랑말도 끌고, 여고생들은 페이스 페인팅도 하고, 모두가 신나는 전통 음악에 맞춰 몸을 흔들며 행진을 했다. 구경꾼들도 모두 즐거운 모습이었고, 우리 역시 행진 대기 중인 여고생들과 얘기도 나누며 예정에 없던 즐거운 시간을 보냈다.

아마도 꾸엘랍 유적을 정상적으로 구경했더라면, 학생들이 주축이 되어서 진행하는 마을 축제를 구경하지 못했을 테니, 그것 또한 나쁘지 않다는 생각이 들었다.

④ 곡따(Gocta) 폭포

다음 행선지로는 차차뽀야스(Chachapoyas)로 갔는데, 막상 도착해 보니 그 도시에는 별로 볼 게 없었고 아르마스 광장도 지금까지 봐 왔던 것들보다 매우 허접했다. 아마 예전에 Chachapoyas 문명의 중심지였고, 지금도 그 지역의 중심 도시로서 인근 지역 여행의 베이스캠프 역할을 하기 때문에 이름만 유명한 것 같았다.

그래서 미련 없이 거기를 떠나, 유명한 곡따(Gocta) 폭포를 보기 위해 꼬까침바(Cocachimba)로 향했다. 꼬까침바에 도착해 보니, 빠까이(pacay) 꽃이 만발해 있었고, 저 멀리 곡따 폭포가 보였다. 곡따 폭포가 보이는 산과 시원한 풀장이 연결되어 한 폭의 그림과 같았다.

정원에서 알빠까를 데리고 놀다가, 저녁에는 구멍가게에서 라면과 채소를 사다가 특식을 만들어 먹었다. 예전엔 밥 대신 간식으로 먹었던 라면이지만, 여행하는 동안에는 여러 가지 맛있는 걸 잘 먹어서 배부르니까, 그냥 간단하게 한 끼 때우는 것도 좋았다.

마을에서 폭포까지는 5.5km 정도로 좀 멀기도 하고, 걸어가는 코스에 오르내림이 많다고 들었다. 그래서 말 타는 값이 좀

비싸긴 했지만(60솔/인), 괜히 고생할 이유가 없었기에 말을 타고 올라가기로 했다. 하지만 말을 타고 가는 건 3km 지점까지이고, 거기서부터 폭포까지는 걸어가야 했다. 그럼에도 주변 경치를 구경하며 천천히 걷다 보니 그리 힘들지 않았고, 점점 다가오는 폭포를 포인트마다 감상할 수 있어서 좋았다.

곡따 폭포는 총 높이가 771m로 세계에서도 손꼽히는 높이를 자랑한다. 이 폭포는 현지인들에게는 이미 잘 알려져 있었지만, 2002년에서야 비로소 세상에 그 존재가 알려졌다고 한다. 우리가 찾았을 때는 계절이 건기여서 폭포의 수량이 아주 풍부하지는 않았다. 하지만 그곳에 우리 말고는 아무도 없었기에 시간의 여유를 갖고 폭포수 연못에 들어가서 물놀이를 즐겼다. 계곡의 차가운 물에 오들오들 떨면서도 얼른 나오기를 주저했으니, 마치 동화 속의 주인공마냥 동심으로 돌아가 있었던 것일까?

⑤ 리오하(Rioja)

다음 목적지는 리오하(Rioja)였다. 곡따폭포 마을에서 일단 모또 딱시를 타고 Cocahuayco 갈림길로 나왔고, 거기에서 지나가는 버스마다 손을 들었더니 대형 시외버스가 멈춰 섰다. 20분 후에 도착한 Pedro Ruiz에서 다시 15인승 꼼비(combi)로 갈아타고 리오하로 가는데, 비가 와서 차창을 흥건하게 적시기 시작했다. 그건 리마에서는 보기 어려운 풍경이었고, 점점 아마존 지역으로 들어가고 있다는 게 실감이 됐다. 산에 무럭무럭 피어오르는 구름, 힘차게 흘러가는 동네 개울, 넓게 펼쳐진 논에 가득

아마존 풍경

심어진 벼를 보면서 가다 보니, 저녁 7시쯤에 숙소에 도착했다.

저녁으로는 오랜만에 피자가 먹고 싶었다. 그래서 피자집에 미리 주문을 해놓고 근처의 아르마스 광장으로 갔다. 모자 쓴 RIOJA 글자 조형물, 동글동글 모양을 낸 정원수, 그리고 아이들을 태우고 그 주위를 도는 토마스 기차, 참으로 평화롭고 아름다운 동네였다. 그렇게 아르마스 광장을 구경한 후, 피자를 숙소로 가지고 가서 맛있는 저녁을 먹었다.

아르마스 광장(Rioja)

전날 Rioja에 온 이유는 근처에 있는 띠오야꾸(Tioyacu)에 가기 위해서였는데, 오히려 역방향으로 16km 정도를 가야 하니 어찌 보면 Nueva Cajamarca에서 숙박하는 게 나았을지도 모른다. 하지만 아침 산책을 하면서 그런 생각이 지워졌다. 아르마스 광장에 있는 벤자민과 유도화(협죽도)의 멋진 모습도 좋았고, 골목에는 일일초와 칼리안드라(Calliandra, 분홍자귀나무)가 보기 좋게 피어 있었다. 특히 칼리안드라는 아주 절정기에 있었는데, 그 꽃에 검은 벌이 드나들고 있었다. 그래서 Mambo가 '검정칼갈이벌'이라고 이름 붙여줬다. 왜냐하면, "칼리안드라, 칼이 안 들어~"라고 불평하는 소리를 듣고, 꽃에 열심히 드나들며 칼을 갈아주고 있었으니까…

⑥ 띠오야꾸(Tioyacu)

띠오야꾸에 도착해서 코코넛 한 통을 사서 마시고 전망대로 올라갔다. 전망대에서 시내를 내려다보는 건 기본이고, 전망대

자체에 재미있고 볼만한 게 많았다. 원두막, 그네, 각종 열대식물, 나무에 붙은 수박통만 한 개미집, 기괴한 모양의 바위, 동굴 등 재미있는 게 많았기에 입장료 5솔이 아깝지 않았다. 전망대를 관리하는 구멍가게에서 미모사, 사차인치 같은 식물들도 구경하고, 해먹도 타고, 꿀도 한 통 샀다.

Tioyacu 전망대

계곡으로 내려가니 물이 힘차게 솟구쳐 나오고 있었고, 그 물이 아래로 흐르며 큰 수영장을 만들고 있었다. 이미 많은 사람들이 물놀이를 즐기고 있기에, 우리도 서둘러서 수영복으로 갈아입고 들어갔다. 원래 Tioyacu는 '찬물'이라는 뜻이지만, 실제로는 물이 그리 차갑지 않아서 수영하기에 딱 좋았다.

어딜 가나 느끼는 거지만, 우리는 뻬루 젊은이들에게 인기가 많다. 띠오야꾸에서도 우리가 한국 사람이라는 걸 알고 학생들이 우리 주위로 몰려들었다. 호기심 많은 여자아이들이 조심스레 작은 소리로 '안녕' 하고 먼저 말을 건네왔다. 반가운 소리에 우리가 '안녕, 안녕하세요!'라고 답을 하니 아이들이 신이났다. 깔깔대며 서로 마주보고 팔짝팔짝 뛰면서 알고 있는 한국어를 나열하기 시작했다. 그리고 BTS와 Black Pink를 좋아한단다.

많은 청소년들이 이들의 노래를 부르고 따라서 춤을 추며, 기본적인 한국어를 스스로 배워 말할 줄 아는 것을 자랑거리로 여긴다. 그래서 뻬루에서는 젊은이들뿐만 아니라, 뻬루 사람들 전체적으로도 한국에 대한 호감이 아주 많다. 이것은 K-pop과

K-drama로 인한 한류 때문이다.

수영을 끝내고 주변을 한 바퀴 돌아보니, 리마에서 봤던 꽃들도 있지만 오랜만에 보는 열대 지방 꽃들이 아주 많았다. 노란색의 그리아스(Grias), 우루과이 아부틸론(Abutilon), 횃불생강(Torch Ginger), 보라화환(Purple Wreath), 헬리코니아, 무싸엔다(Mussaenda) 등 꽃 천지였다.

⑦ 따라뽀또(Tarapoto)

따라뽀또에서 첫 번째 여행지는 아우아쉬야꾸(Ahuashiyacu) 폭포였다. 아우아쉬야꾸 전설을 설명하는 동상을 보니, 따라뽀또 부족장의 딸인 Ahuashi와 한 청년과의 슬픈 사랑 이야기였다. 부족장의 반대로 사랑을 이루지 못하자, 마법사들이 딸을 폭포로 만들고 청년을 검은 황소로 만들어서 그 폭포를 지키게 했다는 것이다. Ahuashiyacu에서 yacu는 물(agua)이라는 뜻이다. 멀리서 보는 폭포의 수량은 그리 풍부하지 않았으나, 폭포 뒤로 들어가 보니 쏟아지는 물이 꽤 많았고 아주 시원했다.

따라뽀또 주변에 있는 라마스(Lamas)는 San Martin 주의 민속문화 중심 도시라고 한다. 폭포에서 내려와서 그리로 가는데

시간이 좀 걸리기는 했지만, 한번 가 볼 만했다. 아르마스 광장으로부터 한 10분쯤 위로 걸어 올라가니 중세의 성을 닮은 석조 건물인 라마스 성이 있었다. 높은 언덕 위에 세워진 이 성은 확 트인 전망과 아마존의 정글 및 마을들을 한눈에 내려다볼 수 있는 위치에 있다.

Armas

Lamas 성

성채를 보고 10여 분 남쪽에 있는 와이꾸(Wayku) 민속 마을로 갔다. 그곳 광장에는 여러 모습들의 동상들이 많이 있었는데, 그 지역의 전통적인 생활상을 잘 설명해 주고 있었다.

Wayku 민속마을

⑧ 싸우세(Sauce) 호수

이번 여행의 마지막 포인트는 따라뽀또 남쪽에 있는 싸우세(Sauce) 호수였다. 라구나 아술(Laguna Azul)이라고도 불리는 이 호수 밑에는 인어(Sirena)가 살고 있다는 전설이 있다. 때때로 공기를 마시기 위해 바위 위로 올라온다는 인어는, 노래를 불러서 사람들을 호수로 끌어들인다던가, 수영하다가 익사하기를 기다린다던가, 사랑에 빠지게 하여 그들을 은신처로 데려간다는 등의 여러 이야기가 전하여 내려오고 있다. 그래서인지 싸우세 지방의 여러 곳에서 인어상을 자주 보게 된다.

따라뽀또 시내에서 싸우세 호수까지의 거리는 70km 정도지만, 자동차들을 싣고 강을 건너는 뗏목 배(balsa)도 타고, 가는 도중 산 중턱길에 있는 전망대에 올라가 보기도 해서 2시간 정도 걸렸다. 전망대(Mirador Punta del Gallinazo)에는 콘도르, 거대한 손, 기구, 날개, 하트 등 커다란 조형물들이 있어서 기념사진을 남기기에 안성맞춤인 장소였다. 드넓게 펼쳐진 아마존 밀림, 강, 석양도 좋았고, 조형물에서 절벽을 내려다보며 아슬아슬한 스릴을 맛보는 것은 색다른 체험이었다.

다음날 아침에 일어나 보니 숙소 주변의 풍경이 한편의 그림 같았다. 호수 건너편에는 물안개가 짙게 걸려 있고, 말 여러 마리가 숙소 주변을 돌아다니고 있었다. 그래서 말들과 같이 놀아주기도 하고, 호수 원두막에서 해먹도 타보고, 호수 쪽으로 그네를 쭈욱 밀어보기도 하고, 카약을 타고 힘차게 노저어 속도를 내보고 뱅글뱅글 돌아보기도 했다. 카약을 타본 건 그때가 처음이었지만, 우리 둘다 선수 못지않게 신나게 잘 타고 놀았다.

Sauce 숙소 앞

그리고는 숙소를 나서서 유원지(Recreo Turístico el Caño) 쪽으로 5km 정도 산책을 했다. 계속되는 꽃길 속에서 유난히 눈에 띄는 꽃이 있었는데, 바로 꼬림비아(Corymbia)였다. 처음 보는 꽃이었는데, 꽃술들이 떨어져서 땅바닥을 온통 붉게 장식하는 것이 아주 인상적이었다.

산책길에는 꽃뿐만 아니라 열매들도 엄청 많았다. 꼬꼬(Coco, 야자)는 숙소 공터나 밖에도 많이 달렸지만, 누렇게 익었는데도 따 먹지 않아서 마치 관상용처럼 보일 정도였다. 그리고 나무에 달린 까까오(Cacao)는 처음으로 봤다. 씨앗은 원래 쓴맛이 강하지만, 그걸 가공하면 쓴맛 없고 맛있는 꼬꼬아(Cocoa)가 된다. Coco, Cacao, Cocoa… 발음이 비슷한 것도 재미있다.

산책하는 길, 어느 집 앞에 분홍색 천사의 나팔꽃이 예쁘게 피

어 있었다. 그 앞에서 사진을 찍고 있자니, 주인 할머니 할아버지께서 우릴 보고 들어오라고 하셨다. 안으로 들어가 보니 마당에서는 조그만 병아리들이 쫑쫑쫑 걸어 다니고 있었다. 이런저런 얘기도 함께 나누고, 마당에 있는 귤나무에서 귤을 따주면서 맛보라고도 하셨다. 비록 잠깐 동안의 만남이었지만 따뜻한 인심, 순박한 대화가 인상 깊었고 여행하는 즐거움을 더해 주었다.

천사의 나팔 귤 따기 병아리 떼

마침내 엘까뇨(El Caño) 레크리에이션 센터에 도착해 보니, 보트 타기, 카약 타기, 말타기, 짚라인, 번지점프 그네타기 등을 할 수 있었다. 우리는 유원지 주변에서 잘 놀고, 제트스키를 슝~ 타고 숙소로 돌아왔다. 제트스키 운전수가 우리를 내려주고 나서 한바탕 회전 쇼를 보여주기도 했다.

8박 9일 동안의 여행을 물 좋고 멋진 풍경의 싸우세 호수에서 마무리하고 리마로 안전하게 돌아왔다. 이번 여행은 안데스 지방 까하마르까에서 아마존 지역인 따라뽀또까지 긴 코스로 설계해서, 곳곳에 좋은 볼 거리를 많이 찾아다녔다. 그래서 각지의 고유한 특색과 풍경을 다양한 관점에서 감상하고 경험할 수 있었던 참 좋은 여행이었다.

(10) 셀바(Selva, 아마존 지역): 이끼또스, 찬차마요, 말도나도

아마존은 원래 그리스 신화에 등장하는 여성들만의 부족인데, 그녀들은 무기를 다루는데 방해가 되는 유방의 한쪽을 잘랐다고 전해진다. 그런데 에스빠냐 정복자들이 남미 아마존 지역을 탐험할 때, 무장한 여전사들로부터 공격을 받았기에 "남미에도 아마존이 있다"며 떠들썩했다고 한다. 그래서 남미의 뻬루, 꼴롬비아, 베네수엘라, 브라질에 걸쳐있는 열대우림 지역을 아마존이라고 불렀다. 연중 습하고 온도가 높아 초목이 우거져 있으므로 지구의 허파라고도 불리는 지역이다. 또한 아마존을 뜻하는 에스빠뇰 단어는 아마조나(amazona)로서 여걸, 여전사를 뜻하기도 한다. 그런데 그리스 신화의 아마존 부족 여인들이 진짜 한쪽 유방을 잘랐을까? 그 당시의 의술로 그건 거의 불가능했을 테고, 아마도 갑옷이나 보호대로 압박해 놓은 것을 보고 오해했을 것이라는 학설이 설득력이 있다.

① 북부 아마존: 이끼또스(Iquitos)

Iquitos는 뻬루 동북쪽의 Loreto 주에 있는 인구 40만명 정도의 도시이며, 아마존강의 상류로서 큰 강과 지류들이 많은 곳이다. 우리의 이끼또스 여행은 아마존강 상류 깊숙이 들어가서 밀림을 탐험한 후, 다시 넓은 아마존강 지역으로 나와서 여러 지역을 다녀본 것으로 나눌 수 있다.

아마존강의 넓은 본류는 온통 황토색이라서 다소 실망스러웠지만, 작은 샛강으로 들어가니 물이 맑아졌다. 아마 어느 지역에

비가 많이 와서 황토물이 큰 강으로 합류하는 것 같았다. 그래서 큰 강물에는 수상식물인 부레옥잠, 물배추들이 상류로부터 몇 개씩 또는 떼 지어서 둥둥 떠내려 오고 있었는데, 그 모습이 이국적이기도 했고 마치 정처없이 흘러가는 여행자들처럼 보였다.

첫 번째 행선지는 아마존강 상류 지역의 Pacaya Samiria 국립보호구역에 있는 야리나(Yarina)라는 작은 마을인데, 배 타고 올라가는 거리는 90km 정도이지만 갈 때는 8시간이나 걸렸고, 3일 후 다시 하류의 나우따(Nauta) 항구로 돌아올 때는 6시간이 걸렸다. 통통배를 타고 아마존강을 거슬러 올라가다가 지류로 접어드니, 강물이 훨씬 맑아졌다. 도중에 출입관리소에 들러서 여행자 신고를 하고 통통배 여행을 계속했는데, 목적지에 도착한 것은 해가 떨어져서 어두컴컴한 시간이었다. 한편, 야리나 마을에 유선 전화는 있었지만, 무선통신 시설이 없었기 때문에 폰으로 인터넷을 할 수 없었다. 그래서, 3~4일 동안은 좀 답답하기도 하면서, 한편으로는 속세와 단절된 평온함도 있었다. 모두가 받아들이기 나름인 것이다.

아마존 지역은 온습도가 높고 물이 많기 때문에 당연히 모기도 많다. 모기 기피제를 뿌리고, 긴 옷으로 칭칭 싸매고, 모기장 안에서 잤지만, 모기는 모기장 안에까지 잘도 들어왔다. 설에 의하면 이끼또스의 모기는 못 뚫는 게 없다고 한다. 그러므로 남미의 아마존 정글 지역을 여행할 계획이 있다면, 황열병 예방 접종을 받는 것이 좋다. 혹시 접종을 못 했다면 뻬루에서도 접종을 받을 수 있다. 가끔 모기에 물려 엄청 부어오르는 경우가 있는데, 이럴 때에는 스테로이드 연고를 바르면 어느 정도 가라앉는다.

모기장으로 끈질기게 달려드는 모기를 잘 피하고 새 아침을 맞으니 청정 셀바(Selva)의 모습이 눈에 들어왔다. 밖으로 나가니 공기는 상쾌했고, 개, 오리, 닭, 기타 집에서 키우는 야생동물들을 많이 볼 수 있는 데다가, 집집마다 아이들이 많아서 마치 몇십 년 전의 한국의 시골 마을을 연상케 했다. 병아리나 오리 새끼들은 사람들에 대해 경계심도 없이 가까이 다가오고, 애들의 좋은 장난감이 되고 있었다.

게다가 아이들이 구슬치기를 하고 노는 모습을 본 게 언제였던가? 그리고 애들이 편을 나눠서 흙덩어리를 던지며 전쟁놀이 하는 모습도 예전 추억을 떠올려 주었다. 요즘 한국에서는 아이들이 구슬치기나 전쟁놀이 대신, 학원 공부나 컴퓨터 게임으로 시간을 보내지 않을까? 예전처럼 아이들끼리 밖에서 흙놀이도 하고 달리고 넘어지고 나무에도 오르고 곤충도 가지고 노는 것이 정서 발달에 좋겠지만, 이젠 시대가 바뀌었으니 각자 자기 환경에 맞추어 살아갈 수밖에…

동네를 산책하며 다니다 보니, 동네 사람들이 모여서 모래밭에 구멍을 뚫고 거북이(tortuga) 알을 몇 개씩 집어넣고 있었다. 인공 부화를 시켜서 방생하기 위해서인데, 자연부화보다는 천적으로부터 보호할 수 있으니 생존율이 높다고 하며, 이런 일은 모두 자발적인 봉사활동이라고 했다. 알의 숫자를 하나하나 직접 기록하며 작업을 하는 모습이 인상적이었다. 또한 어느 집에서 거북이 등껍질이 강아지 밥그릇으로 쓰이고 있었는데, 알을 부화시키는 것과 마찬가지로 일상생활이 자연과 함께 동화되어 있다는 생각이 들었다.

마을 앞 개울에서는 동네 아이들과 함께 낚시도 하고, 여러가지 얘기도 나누고, 한국 K-pop을 소개해 주기도 했다. 그렇게 셀바지역의 순진무구한 아이들과 놀다 보니 우리도 어느덧 동심으로 돌아가 있었고, 그들과 함께 찍은 사진을 보면서 즐거워하기도 했다.

드디어 말로만 듣던 셀바의 숲속 탐험에 나섰다. 코스를 달리하여 두 번의 탐험을 하면서 거대한 개미집도 보고, 가시 달린 뿌리가 땅 위로 솟아 오른 기기묘묘한 나무도 보았다. 나무뿌리가 사람 키보다도 더 높이 솟아 올라와 있는 뽀나(Pona)라는 나무는, 마치 그 모양이 걸어가는 것 같다 하여 '걷는 나무'(El árbol de camina)라고도 부른다. 그리고 어떤 큰 나무에서는 위에서 많은 줄기가 내려오는데, 그걸로 그네를 만들어 놓았기에 신나게 타 보기도 했다. 그네를 타는 풍습은 동서양에 별 차이가 없는 듯했다.

그뿐만 아니라 직접 낚시를 해서 잡은 물고기를 숲속에서 불을 피워 구워 먹기도 하고, 강물에서 수영도 하고 오랜만에 2인용 보트를 저으며 옛 추억에 젖어 보기도 했다. 밤에는 강물에서 야행 생활을 하는 작은 악어(caimán)를 가까이서 보기도 했다.

강물에서 수영을 하는 동안에 뭔가 몸을 물어뜯는 느낌이 있었는데, 나중에 알고 보니 육식성 물고기인 삐라냐(piraña)였다. 낚시로 몇 마리 잡아보니 가슴 쪽이 빨갛게 물든 붕어 같은 물고기였다. 이것은 낚시를 던지자마자 달려들어 입질을 하는 호전적인 물고기이기 때문에 낚시하는 재미가 있었다.

이틀 동안 셀바 숲을 탐험하면서 예상외로 동물들은 많이 보지 못했다. '아마존' 숲속이면 동물들이 드글드글 할 줄 알았는데, 새 몇 종류, 도마뱀, 악어, 개구리, 물고기, 곤충 몇 가지를 본 게 전부였다. 곰이나 늑대 같은 긴 고사하고 하다못해 토끼, 너구리, 뱀 같은 것도 구경을 못해서 매우 실망스러웠다. 아마도 7월~8월이라서 그런 것 같았는데, 12월~3월 우기에는 야생 동물들을 더 많이 관찰할 수 있다고 한다.

아마존에서의 두 번째 여행지는 이끼또스 시내에서 그리 멀지 않은 아마존강 하류의 마을이었다. 그곳에서는 근처의 원숭이 섬, 동물원, 아마존 원주민 마을을 방문하는 프로그램이 있었다. 비록 한정된 구역에서 사육되는 것들이지만 원숭이와 나무늘보를 안아보거나, 앵무새를 어깨나 머리에 올려놓는 체험을 해 볼 수 있고, 고릴라, 뱀, 거북이 등도 가까이에서 관찰해 볼 수 있었다.

원숭이섬(Isla de los monos)에는 200여 마리의 원숭이들이 살고 있다고 한다. 이 섬에서는 원숭이들과 자유로운 시간을 함께 즐길 수 있다. 어떤 원숭이들은 사람과 아주 친근해서 얼굴까지 올라와 귀도 만져주고, 팔에 매달려 그네를 타며 노는 반면에, 가끔 공격적이어서 우리에 갇혀있는 원숭이들도 있다. 그리고 부리가 몸통만큼이나 길고 두툼한 뚜깐(tucán)이라는 새가 있어서, 작대기에 올려 놓고 한참 관찰하기도 했다. 셀바 숲속을 탐험할 때 동물들을 많이 못 봐서 섭섭했는데, 그나마 이곳에서 여러 동물들을 보니 반갑기도 했다.

아마존강변은 주로 진흙으로 된 땅으로 이루어져 있어서, 출렁거리는 강물에 자꾸 깎여 나간다. 그래서 강물에는 가끔 큰 나무들이 통째로 둥둥 떠다니고 있었다. 토양과 초목의 유실을 방지하기 위한 시설이 거의 없는 것은, 그곳 지방정부나 중앙정부의 재정이 그럴 만한 여유가 없기 때문이다. 심지어 큰 강물은 아무 말 없이 도도히 흐르지만, 상수시설이 변변히 마련되지 않아서 각 가정에 생활용수조차 충분히 공급이 안 되는 것은 풍부함 속의 빈곤이라고 느껴졌다. 실제로 우리가 이틀간 묵었던 숙소에서도 호수 물을 직접 길어다가 높은 곳에 설치한 물탱크에 저장하고, 그것이 각 방에 공급되니 수질이 그리 청결하지도 않고 물발도 약하기 그지없었다.

여행 기간 동안 아마존강에서 배타고 이동할 때는 가끔 물 위로 뛰어오르는 핑크 돌고래를 보며 환호했고, 광활한 녹음을 원없이 만끽했다. 그리고 아마존강에 아침해가 떠오르는 모습이나 시간에 따라 변하는 강의 풍경은 아름다웠고, 우리 둘이 작은 보트를 타고 손수 노 저어 마을 구경을 하는 여유도 즐겼다. 게다가 마을 사람들의 착한 인심과 아이들의 천진난만하게 노는 모습은 예전 우리 어릴때의 추억을 떠올리게 했다. 그래서 이 여행은 우리의 기억에 오래오래 남을 것이다.

아마존 동네 아이들

앞에서 언급한 대로 뻬루는 크게 꼬스따, 시에라, 셀바(Selva, 아마존) 등 세 지역으로 나누는데 기후, 식생, 음식이 많이 다르다. 아마존 지역의 음식은 접시에 밥, 닭고기 또는 생선, 과일 등을 담아내며, 그중에서 후아네(Juane)는 아마존 지역의 대표 요리이다. 이끼토스 여행을 간다고 하니 뻬루 친구들이 반드시 먹어봐야 한다며 추천해 준 요리였다. 후아네는 밥에 닭고기, 생선, 계란 등을 넣어 비하오(bijao) 잎에 싸서 쪄낸다. 속에 들어가는 내용물에 따라 그 이름이 달라지는데, 닭고기가 들어간 Juane de gallina가 가장 일반적이다.

그런데 셀바 지역에서의 음식은 전에 경험하지 못한 것들이 많아서 일부 음식은 선뜻 먹기가 어려울 수도 있다. 그래도 아래에 보이는 음식들은 한번 시도해 볼만 한데, 우선 악어 고기는 숯불에 노릇노릇 구은 것이라서 별 거부감 없이 먹을 수 있다. 껍질을 보면 '악어'라는 생각이 들긴 하지만, 음식을 먹는데 무슨 생각을 그리 많이 할 필요가 있을까? 그리고 접시에 계란처럼 담아놓은 것은 거북이 알인데, 맛도 계란과 크게 다르지 않다.

악어 고기

거북 알

하지만 선뜻 입에 넣기 쉽지 않은 것은 수리(surí) 꼬치구이일 것이다. '수리'는 아구아헤(aguaje) 나무에서 자라는 애벌레라고 한다. 한국에서 먹는 번데기보다 약간 크고 맛은 비슷하지만, 값은 관광지에서의 이름값을 하기 때문인지 좀 비싸다는 생각이 들었다. 아구아헤 나무는 마치 야자나무처럼 생겼고, 그 열매는 사진에서 보는 바와 같은데 씨앗이 대부분이라서 먹을 건 별로 없다. 요즘 한국에서 아구아헤 가루가 식물성 에스트로겐이 많고, 갱년기 증상을 개선해 준다 하여 인기가 있다고 한다.

② 중부 아마존: 찬차마요, 옥사빰빠

부활절 전에 있는 세마나 산따(Semana Santa) 연휴에 찬차마요(Chanchamayo) 및 옥사빰빠(Oxapampa) 지역을 다녀왔다. 찬차마요는 리마에서 동쪽으로 310km 떨어진 곳으로서, 안데스 산맥을 넘어야 하기 때문에 시간이 꽤 걸린다. 우리는 4박 5일짜리 여행사 패키지 상품을 선택해서 35명이 버스를 타고 밤 8시에 리마를 출발했다. 연휴 기간이라 차가 많아 교통체증이 있기도 했고, 해발 4,818m의 띠끌리오(Ticlio) 고개를 넘어가기도 했기 때문에, 첫 목적지(La Merced)까지 거의 12시간이나 걸렸다.

첫 번째 일정은 찬차마요 강에 걸린 현수교 끼미리 다리(Puente colgante Kimiri)를 건너는 것으로 시작했다. 강 주변을 둘러보니 강에는 많은 물이 흐르고 산과 들은 초록색으로 뒤덮여 있었다. 역시 아열대 사막 기후를 가진 리마와는 완전히 다른 아마존다운 풍경이었다.

약 3km를 더 가서 마치 인디아나존스(Indiana Jones) 영화처럼, 계곡 물길을 따라 보르고냐 폭포(Catarata Borgoña)까지 이어지는 계곡길을 트레킹 했다. 밧줄 타고 폭포수를 뒤집어쓰며 계곡 오르기, 사다리 타고 오르기, 폭포수 밑에 들어가서 물세례 받기 등 신나는 모험의 시간이었다.

그렇게 신나게 놀다보니 점심시간이 훌쩍 넘었는데도, 우리는 아직도 계곡 안에 있었다. 결국 4시쯤 되어서야 식당에 도착해서, 쎄비체(ceviche mixto), 까라차마(carachama) 탕, 차우파(chaufa)로 늦은 점심을 먹었다.

식사 후에 Pampa Michi라는 민속 마을을 방문했다. 우리 모

두는 전통복장을 차려입고 모닥불 주위에서 원주민들과 함께 전통 춤을 따라 추기도 하고, 원주민 아이들과 얘기를 나누기도 했다. 구렁이를 몸에 감아 보고 빠빠가요 앵무새와 노는 것도 여행객의 흥미를 한층 더 돋우어 주었다.

또다시 1시간여를 달려 찬차마요 커피 판매점으로 향했다. 찬차마요는 한국에서도 커피로 잘 알려진 지역이다. 시간이 늦었지만 모두들 커피 향기를 맡으며 시음을 했고, 상가에서 파는 술들도 구경했다. 그중에 특히 야한 모습의 딱지가 붙은 커피 술병이 눈길을 끌었다.

다음 날에는 캐노피(canopy=zipline)를 타면서 스릴을 느껴

보았고, 뚠끼 석회동굴(Tunki Cueva)에도 들어가 봤다. 동굴은 전체 길이가 20m 밖에 되지 않았지만, 단양의 고수동굴을 떠올리게 했다. 이처럼 작지만 매력적인 자연 경관과 체험들이 여행을 다양하고 풍부하게 채워주었다.

점심 식사를 했던 티존(El Tizon)은 넓은 정원에 여러 가지 재미있는 놀잇거리를 갖춰 놓은 식당이었다. 음식을 주문하고 기다리는 동안에, 서부 총잡이가 되어 보기도 하고, 현상수배범이 되어 보면서 즐거운 시간을 가질 수 있었다.

오후에 방문한 와라뽀(El Wharapo)에서는 사탕수수를 이용하여 전통 증류주를 생산하고 있었다. 우리는 각자 원하는 만큼 각 도수별로 시음해 보기도 했다.

이날은 특히 세마나 산따 축제일로 옥사빰빠 시내에서 행사가 진행되고 있었기에, 많은 사람들이 거리에 나와 있었다. 마침 장정들이 멘 성모 마리아 상이 향불을 든 인파와 댄서들에 둘러싸여서 성당 안으로 모셔지고 있었다. 예기치 않게 웅장하고 긴 행렬의 축제를 참관했다.

마지막 날은 65m 폭포수에서 떨어지는 자연 풀장인 바요스 폭포(Catarata Bayoz)가 있는 협곡으로 갔다. 폭포수에서 떨어지는 물살로 어깨와 등을 마사지하며 수영을 즐길 수 있는 곳이었다.

이어서 방문한 유리나끼 항구(Puerto Yurinaki)의 황토색 물에서는 보트 타며 유람도 하고, 아르마디요(armadillo), 나무늘보 등 아마존 동물들을 데리고 나온 꼬마들과 함께 놀기도 했다.

옥사빰빠에서는 검은눈의 수잔이 반갑게 맞이해 줬고, 이어서 커피나무에 다닥다닥 달린 열매도 만났다. 여행 중에는 옥사빰빠의 특산물인 끼또끼또(Quito quito) 주스를 마시기도 했다.

③ 남부 아마존: 말도나도(Puerto Maldonado)[23]

북쪽의 아마존 Iquitos를 다녀온 지 4년쯤 돼 가니까, 은근히 밀림이 그리워졌다. 그래서 뻬루관광청에서 추천하는 10곳 중에서 미처 가보지 못한 말도나도에 4박 5일 일정으로 다녀왔다.

일차	방문지 및 숙박
1	아르마스 광장, 시외 숙소
2	밀림 숙소(70km 이동), 밀림 탐사
3	(오전)앵무새, 강변 동물 관찰 / (오후)석양 및 배낚시
4	밀림 탐사, 뱃놀이, 시내 숙소
5	시내 산책, 리마 복귀

23 Puerto Maldonado는 Madre de Dios의 주도(州都)임

리마에서 말도나도 공항까지는 1시간 40분쯤 걸려서 12시쯤 도착했다. 첫 일정으로 공항 출구 가까이에 있는 나비 전시관(Mariposario)을 방문하려 했으나, 아쉽게도 코로나 바이러스로 인해 닫힌 것이 아직도 열리지 않고 있었다. 그래서 바로 모또 딱시(moto taxi)를 타고 아르마스 광장으로 향했다.

광장에 도착해 보니, 무싸엔다 꽃뿐만 아니라 여러 종류의 꽃과 나무들이 잘 어우러져 조화를 이루고 있었다. 특히 노랑 별처럼 앙증맞게 핀 무싸엔다 꽃과 여러 색깔의 꽃받침에 홀려서 한참 사진을 찍었다.

벤자민 고무나무로 여러 가지 모양을 만들어 놓은 것도 뻬루 북부해안 싸루미야에서 본 것처럼 예술이었다.

그렇게 즐겁게 놀다가 점심때가 지난 것을 깨닫고, 근처 식당으로 가서 맥주부터 한잔했다. 그리고 양송이 세비체와 출레따(돼지갈비 구이)를 맛있게 먹었다. 출레따에는 따까초(tacacho) 2개가 곁들여 나왔는데, 이것은 시에라-셀바 코스여행을 할 때 먹어봤기에 익숙한 음식이었다.

첫날 숙소는 시내에서 6km 떨어진 시골에 잡았는데, 그 숲속 분위기가 아주 좋았다. 숲은 마치 아마존 밀림의 축소판처럼 근처에 강물도 흐르고, 꽃과 나무들이 가득했다. 게다가 강을 바라

보며 한잔할 수 있는 휴식처도 있고, 아마존 동물들의 조형물도 만들어 놓았으며, 요리를 할 수 있는 부엌도 있었다.

밤에는 벌레소리, 아침엔 새소리, 꼬끼오 닭소리가 들리고, 맑은 공기 가득한 그곳에서 계속 있고 싶었지만, 모든 여행 프로그램은 아르마스 광장 근처에서 출발하기 때문에 하룻밤만 묵었다.

첫 여행 프로그램은 1박 2일짜리로 국립산림보존지역[24]에 들어가서 밀림과 강을 탐사하는 것이었다. 우리 팀 10명은 아르마스 광장을 자동차로 출발하여 66km를 달린 후, 다시 보트를 타고 숙소 앞 선착장에 도착했다. 강변에는 대형 기니아피그의 일종인 론소꼬(Ronsoco)들이 많이 보였고, 선착장에 도착해서는 낚시에 걸린 아마존 강 물고기인 돈쎄야(Doncella)를 끌어내는

24 Reserva Nacional Tambopata

손맛도 봤다.

숲속에 있는 숙소는 한적하면서도 주변에 꽃과 나무들이 많아서 산책하기도 좋았다. 오후에는 가이드와 함께 밀림 속을 걸으며, 새소리도 듣고, 기기묘묘한 나무들도 보고, 원숭이들도 찾아봤다. 그러다가 밀림 전체를 사방으로 조망할 수 있는 50여 m 높이의 전망대에 올라가 보니, 시야가 환하게 열리고 핸드폰 신호도 잡혔다. 하지만 사방천지 온통 숲이라서 우리가 어느 코스를 걸어서 거기까지 왔는지 방향을 가늠할 수도 없었다.

밀림 속 나무들

전망대와 밀림 풍경

밀림을 걷다 보니, 숲속 여기저기에 매미 애벌레들이 만들었다고 하는 굴뚝처럼 생긴 흙기둥들이 줄줄이 서 있었다. 그리고 나무에 악어 모양으로 만들어 놓은 개미집이 있었는데, 그 안으로 개미들이 마치 물이 빨려 들어가듯이 엄청나게 들어가고 있었다.

매미 애벌레 작품

개미집

개미 떼

밤에는 강에서 살고 있는 작은 악어인 까이만(caimán)을 보려고 나섰다. 배 타고 강을 오르내렸으나 멀리 있는 한두 마리 정도를 후레쉬로 비춰서 볼 정도였다.

다음 날에는 새벽 5시에 집합하여, 앵무새들을 관찰하러 강 상류로 거슬러 올라갔다. 6시쯤에 전망이 좋은 섬에 도착하여 강 건너편을 보니, 처음에는 앵무새들이 나무 위에 모여들더니 차츰 흙 벽에 달라붙기 시작했다. 가이드에게 물어보니, 미네랄을 섭취하기 위해서 흙을 쪼아 먹는다고 했다. 주로 알록달록한 색깔의 과까마요(guacamayo)와 초록색의 로로(loro)들이 많이 몰려들었고, 가끔 푸른색 등과 노란색 배를 가진 앵무새도 보였다. 그러다가 끼룩끼룩 소리를 내며 떼지어 날아오르기도 하고, 다시 돌아와서 우리 눈을 즐겁게 해 주었다.

숙소로 돌아오는 길에 강의 여기저기를 관찰하니, 간밤에 어렵게 찾아보려고 애썼던 까이만도 보이고 자라들도 흔하게 보였다.

오후에는 아르마스 광장으로 돌아와서, 거기서 멀지 않은 야꾸마마(Yacumama) 호수로 갔다. 호수와 주변 경치는 예상외로 아주 좋았는데, 맑은 하늘과 구름도 아름다운 경치에 한몫 거들었다. 게다가 무지개까지 나타나 주는 것 아닌가! 그 호수에서는 낚시도 해 봤는데, 북쪽 아마존 강에서 수영할 때 Mambo 젖꼭지를 물어뜯던 바로 그 삐라냐(piraña)들을 몇 마리 잡았다. 육식어종인 삐라냐들이 워낙 떼로 몰려들어서 미끼를 뜯기 때문에, 순식간에 미끼가 없어지곤 해서 수확은 별로 좋지 않았다. 그래도 낚시를 하면서 야자수 위의 앵무새들도 보고, 해가 질 무렵엔 쭉쭉 뻗은 나무들 사이로 멋진 석양을 본 것은 오후 두세 시간의 짧은 여행으로는 만점이었다.

다음 날엔 새벽부터 비가 주룩주룩 내렸는데, 오랜만에 듣는 그 빗소리가 참 좋았다. 아침이 되니 주룩비는 보슬비로 바뀌었고, 우리는 배를 타고 산도발(Sandoval) 호수를 향해서 12km 정도 강물을 따라 내려갔다. 배에서 내려서 나무들이 빽빽한 숲길을 걷는 기분은 정말 상쾌했다.

호수까지의 거리는 3km 정도인데, 길에 나무 데크를 설치해 놓아서 걷는데 불편함이 없었고 힘든 줄도 몰랐다. 뻬루에 이런 데크 길이 있다는 게 신기했다. 나무 위에는 거북이처럼 붙은 큰 개미집, 땅 위에는 무덤처럼 생긴 개미집도 있었다. 저렇게 큰 집이 완성되려면 몇 년이나 걸릴까?

뿌리가 상어 지느러미처럼 드러나 있는 루뿌나(Lupuna, Matapalo) 나무는 왜 저런 거대한 뿌리를 땅 위로 만들어 냈을까? 북부 아마존에서도 봤던 뽀나(Pona), 즉 '걷는 나무'(Palmera caminando, Walking trees)는 어디로 가고 싶어서 뿌리를 들어 올렸을까? 그리고 거목에 큰 구멍이 있는 나무는 누구를 위해서 저런 훌륭한 대피소를 만들어 놨을까?

Sandoval 호수에 도착하니, 8~9명이 탈수 있는 나무 배들이 많이 있었다. 가이드가 뱃사공이 되어 노를 천천히 저으며 호변에 있는 새, 원숭이 등에게 가까이 가서 하나하나 설명해 주었다. 우리는 그 넓은 호수를 그렇게 유유히 미끄러져 가며 뱃놀이와 풍경을 즐겼다. 1시간 정도 뱃놀이를 한 후, 건너편 호변 식당에서 점심을 먹고 다시 뱃놀이를 하며 돌아왔다. Sandoval 호수는 아름다운 자연 경관뿐만 아니라 야생 동식물이 풍부한 Madre de Dios 주의 명소이다.

저녁에는 아르마스 광장 근처에 있는 마히따(Majta)라는 식당에 가서, 안띠꾸초, 추라스꼬, 또스까나를 안주로 와인을 몇 잔 했다. 얼마나 맛있으면 식당 이름을 "마히따"라고 했을까? 그래서 말도나도 여행에서의 마지막 저녁을 정말 맛있게 먹었다.

다음날 오전에는 별다른 일정이 없었으므로, Madre de Dios 강을 가로지르는 723m의 빌링후르스뜨(Billinghurst) 다리를 걸어서 승리(Triunfo) 공원에 다녀왔다. 공원에는 다정한 빠빠가요(Papagayo) 조형물과 비에 젖은 분홍자귀 꽃이 있었다. 이 빠빠가

요와 분홍자귀 꽃처럼, 우리 부부의 사랑도 항상 향기롭고 좋을 것이라는 뜻으로 생각하며 집으로 돌아왔다. 아마존의 싱그러운 자연과 셀바 문화를 접하며 다녀온 여행은 우리에게 큰 행복과 추억을 선물해 주었다.

723m

Parque Triunfo

분홍자귀

10

남미 여행 이야기

이 책이 '뻬루 답사보고서'라고 할 수 있지만, 보너스로 남미 몇 나라에 대한 여행 이야기를 추가한다. 독자들이 뻬루에 오게 되면 당연히 다른 나라 여행에도 관심이 있을 것이므로, 우리의 여행 경험을 소개하고 느낌을 나누고자 한다.

- 2019년 11월(16일간): 이과수 폭포, 아르헨띠나, 칠레
- 2020년 02월(5일간): 볼리비아

뻬루 말고 남미 대륙의 다른 나라에서 볼거리를 꼽는다면 어떤 것들이 있을까? 남미지역은 적도에서 남극까지 뻗어 있으므로 온도 분포가 열대에서 한대까지 나타나고, 높은 안데스 산맥과 태평양 및 대서양이 있기 때문에 풍경과 식생이 다양하다.

자연 풍경을 보는 여행지로는 이과수 폭포, 안데스의 설산 및 계곡, 모래 사막, 소금 사막, 갈라빠고스 섬, 그리고 많은 해변, 호수, 섬, 남쪽의 빙하(Patagonia) 등이 있고, 유적지로는 잉까 문명, 마야 문명, 아즈텍 문명이 융성했던 곳들, 그리고 각 나라마다 특색있는 도시들이 있다.

(1) 이과수 폭포(Cataratas del Iguazú)

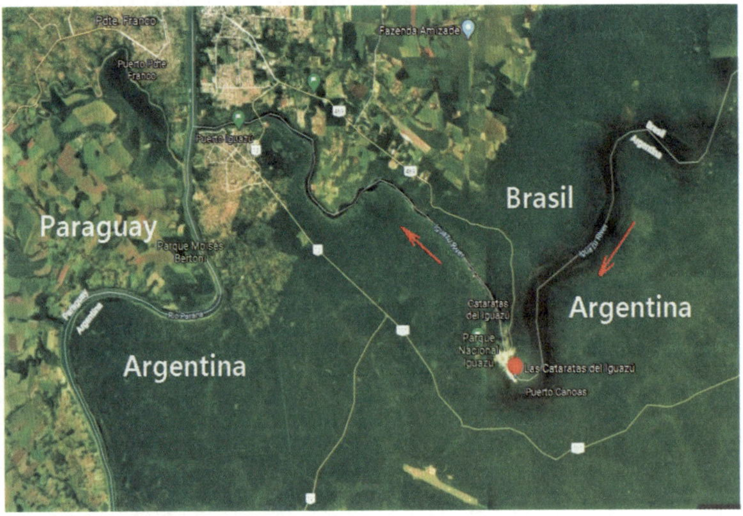

미국과 캐나다에서 나이아가라 폭포가 명소이듯이, 남미에서는 이과수 폭포가 그 규모나 경치 면에서 아주 볼만하며 절대로 빼놓을 수 없는 포인트라고 할 수 있다. 이과수 강은 브라질과 아르헨띠나의 국경을 만들며 유유히 흐르다가, 지도의 빨간 점이 있는 위치에서 갑자기 절벽 아래로 떨어지며 폭포를 만든다. 그 폭포는 하나가 아니고 절벽의 형태에 따라 긴 폭포들도 있고 몇 단으로 떨어지는 폭포들도 있다. 폭포에서 아래로 떨어진 강물은 30km정도 흘러가서 빠라과이(Paraguay) 국경을 만드는 빠라나(Paraná) 강과 합류한다.

처음에 이과수 폭포 여행 계획을 짤 때는 어떤 코스로 다닐지, 시간이 얼마나 필요할지 궁금했으나, 그리 걱정할 건 없었다. 이과수 폭포는 브라질과 아르헨띠나 양쪽에 걸쳐 있는데, 보통의 경우 각각 하루씩이면 충분하고 특별한 경우에는 시간을 더 할애해도 좋겠다. 우리 경우에는 빠라과이를 거쳐서 브라질로 이동했기 때문에 그쪽 이과수를 먼저 보고, 다음날 아르헨띠나 이과수 쪽으로 이동했다. 각각 특징이 있고 보는 맛이 다르니 양쪽 모두 보는 것이 좋다.

브라질 쪽에서는 여러 개의 폭포를 한꺼번에 조망할 수 있고 큰 폭포들을 가까이에서 볼 수 있다는 장점이 있다. 폭포들 가까이에 설치된 긴 나무다리 위에는 관광객들이 발 디딜 틈 없이 왕래하며 물 구경을 한다. 다리에서 내려다보면 폭포수가 부서지며 만들어지는 무지개가 선명하게 잘 보이며, 그 물이 저 멀리 흘러가는 모습도 눈에 보인다.

폭포 위쪽의 강물을 보면 마치 팔당댐 위의 한강물처럼 그리 급할 게 없는 모습이다. 또한 건너편 멀리 아르헨띠나 쪽의 폭포 모습이나 관광객들의 모습도 보이는데, 물안개가 자욱하게 올라가는 곳이 아르헨띠나 쪽에서 자랑하는 '악마의 목구멍'이다.

아르헨띠나에서의 폭포는 브라질 쪽만큼 웅장한 모습은 그리 많지 않다. 그러나 둘러볼 수 있는 코스가 다양해서, 폭포 윗 코스(Circuito Superior)와 아랫 코스(Circuito Inferior), 악마의 목구멍(Garganta del Diablo) 코스, 그리고 폭포 아래 강물에서 배 타고 산마르띤(San martin) 섬으로 가는 코스, 기타 여러 산책 코스가 있다.

폭포 윗 코스 및 아랫 코스를 보면서 느낀 점수로는 브라질 쪽

의 승리였는데, 악마의 목구멍 쪽으로 가 보고 나서 결국 무승부를 선언하게 되었다. 악마의 목구멍이라는 이름은 강물이 떨어지며 만드는 폭포 모양이 마치 목구멍으로 물이 쏟아져 들어가는 듯하기 때문이다. 그 웅장함과 물안개, 그리고 멋지게 만들어지는 무지개는 정말로 장관이며, 폭포를 만들고 나서 저 멀리 흘러가는 강물을 보면 자연의 힘을 느끼게 된다. 물론 아르헨띠나 쪽에서도 브라질 쪽의 폭포와 관광객들이 아련히 보였다.

'악마의 목구멍'으로 가려면 공원 안에서 운행되는 기차를 타고 가다가 '목구멍 역(Estación Garganta)'에서 내려, 폭포 상단 쪽 강물 위에 설치된 나무다리를 약 20분 정도 걸어가면 된다. 그런데, 목구멍 역에 내리니 근처 골목에 마치 은행잎이 흩날리듯이 노란 것들이 팔랑거리고 있었다. 호기심에 가까이 가서 보니 노랑나비 떼 아닌가! 여태까지 그렇게 많은 나비가 한꺼번에 모여있는 것을 본 적도 없었지만, 땅에 옹기종기 모여 앉았다가 사람이 가면 모두 공중으로 날아 올랐다가 다시 땅에 하나둘씩 모여 앉는 게 참으로 신기했다. 근처 매점 주인에게 물어보니, 나비들이 물을 마시기 위해서 그렇게 모인다고 했는데, 과연 땅에 젖은 쪽으로 모여 앉아서 거의 움직이지 않고 물을 빨고 있었다. 평생 처음으로 그런 좋은 구경을 하니 악마의 목구멍을 보기 전에, 마치 천사를 본 것처럼 마음이 깨끗해지는 느낌이었다.

노랑나비

꼬아띠

악마의 목구멍을 보고 다시 기차역으로 돌아오니, 웬 동물들이 모여들었다. 현지에서는 꼬아띠(coati, quati)라고 불리는 '긴코 너구리'인데, 먹이 얻어먹는 즐거움을 터득해서 기차에까지 올라오기도 했다. 그리 위험한 동물은 아니고, 겁이 많아서 쫓으면 도망갔다가, 눈치 보며 슬금슬금 다시 다가온다. 그래도 여자들이나 어린이들은 질겁을 하기도 했다.

아르헨띠나 쪽에서 폭포를 보기 위해 머문 동네는 이과수 강과 빠라나 강이 만나는 곳으로서 3개국의 국경 지역이었다.

중국, 일본 등 주변국과의 국경은 물론이고 남과 북이 대치하고 있는 휴전선의 엄중함에 익숙한 Mambo로서는, 자연이 만들어 준 국경의 부드러움과 서로 간에 자연스럽게 왕래하는 모습이 신기하게 보였다. 그리고 과거 국력이 약해서 타의에 의해 나눠지고 지금까지 갈라져 있는 우리 한민족이 언제 뜻을 모아서 다시 하나가 되려나 하는 생각을 했다.

3국 국경

(2) 아르헨띠나(Argentina)

① 부에노스아이레스(Buenos Aires)

아르헨띠나의 수도인 부에노스아이레스(BA)는 단어 뜻 그대로 공기가 깨끗하고 좋았다(Bueno=좋은, Aire=공기). 또한 BA에는 도시 이름에 어울릴 만큼 꽃들도 많았다. 공항에 도착하니 건물 벽을 꽃으로 도배하듯이 장식해 놓은 것(Jardines verticals)이 인상적이었다. 공항에서 지도를 보니, 호텔까지 가는 길 좌우에 공원들이 줄지어 있고 거리도 그리 멀지 않았다. 급한 일이 있는 것도 아니고 어차피 여행이 목적인 우리는 천천히 거리구경, 사람구경, 공원구경을 하며 걸었다.

그렇게 걸으면서 호텔에 도착할 때쯤, 코를 찌르는 듯한 향기가 길에 가득했다. 그 향기의 근원지를 찾아보니, 그것은 근처 공원((Jardín Botánico)에 있는 오렌지자스민(Murraya)꽃 향기였다. 그 꽃은 이전부터 잘 아는 꽃으로 키가 작은 정원수로만 보아 왔는데, 그 공원에 있는 것은 키가 4~5m 정도로 컸다. 공원에는 여러 가지 꽃과 나무들이 조화롭게 심어져 있고 관리도 잘 되고 있었다. 게다가 눈에 익숙한 미인수, 시계꽃, 자귀나무들도 있어서 반가웠다.

또한 뻬루에서와 마찬가지로 공원에서는 사람들이 잔디에 앉기도 하고 눕기도 하는 자유를 누리고 있었다. 그런 모습은 사실 부러워할 것도 없는데, 그들이 부러운 것은 왜일까? 위생과 청결을 중요시하는 습관이 우리를 보호해 주기도 하지만, 때로는 우리의 활동을 제한하고 구속하는 듯 했다.

BA에는 빌딩이나 아파트도 우뚝우뚝 서있고 외관도 깨끗해

보이는 것이 다른 남미국가들과는 좀 다른 모습이었다. 특히 마데로 항(Puerto Madero)이 있는 섬은 고층 빌딩과 고급 아파트, 그리고 대형 공원, 호수, 생태보호지역 등이 함께 어우러져, 산책 삼아 걸어 볼 만했다. 아르헨띠나는 국민의 대부분이 유럽계 백인으로 구성되어 있고, 1980년대 중반까지는 1인당 국민소득이 한국보다 높았다. 그래서 그런지, 사회 인프라 시설이 잘되어 있고 시민의식 수준도 매우 높았다.

도로의 자동차들도 뻬루와는 달리 오래된 고물차들은 찾아보기 힘들었고, 마치 서울 시내와 비슷한 수준이라는 느낌이 들었다. 지하철 노선이 7개 정도 밖에 안되지만 이용하기에 불편함이 없었다. 버스시스템도 잘 되어 있었는데, 특히 인상적인 것은 구글맵에서의 안내가 아주 잘되고 있었다(노선, 승차 옵션, 환

승, 소요시간, 요금 등). 게다가 어떤 정류장에는 휴대폰 충전시설, 교통카드(SUBE: 지하철, 버스 공용) 조회기 등도 있었다.

BA에서는 시티투어 버스를 탈까 하다가, 대중교통이 편리하기 때문에 시간과 코스에 구애받지 않고 마음 내키는 대로 돌아다니기로 했다. 그래서 우선 땅고(tango) 춤의 발상지라고 하는 라보까(La boca)에서 시작해서 북쪽 방향으로 이동하면서 볼만한 포인트들을 방문했다.

대통령궁(Casa Rosada), 예전의 오페라 극장이 대형서점으로 바뀐 아떼네오(El Ateneo Grand Splendid), 레꼴레따(Recoleta) 문화센터 및 묘지, 국립미술관 등 볼거리가 참 많았다. 호수 안의 꽃 조형물(Floralis Genérica)과 BA의 랜드마크인 높은 첨탑 오벨리스꼬(Obelisco)는 보는 느낌과 분위기가 주야간에 많이 달랐다.

생태공원(Ecoparque BA)에서는 동물들이 공원에서 자유롭

꽃 조형물

오벨리스꼬

게 돌아다니기 때문에, 일반적인 동물원에서 울타리 안에 있는 동물들을 구경하는 것보다 재미있었다. 공원 길을 걷다 보니, 공작이 어느새 우리 옆을 지나며 자유롭게 돌아다니고 있었고, 이구아나 같은 동물은 그냥 자기들끼리 구석을 찾아 돌아다녔다. 그런데 토끼와 노루를 합쳐놓은 것 같은 기이한 모습의 빠따고니아 마라(Patagonia Mara)도 있었다. 이는 남미대륙 남단의 빠따고니아에 살고 있는 천축서과 설치류라고 한다.

이 공원은 동물들이 행복하게 살 수 있는 환경을 만들어, 관광객들에게도 흥미로운 체험을 제공하는 멋진 곳이었다

뻬루가 음식으로 유명한 나라인 것처럼, 대표 음식들은 좀 달랐지만 아르헨띠나에도 맛있는 음식들이 아주 많았다.

특히 아르헨띠나 쇠고기는 과연 명불허전(名不虛傳), 정말 부드럽고 맛 있었다. 뻬루에서는 쇠고기 맛이 그저 그래서 주로 돼지고기를 사다 먹는데, 아르헨띠나에서는 여행하는 내내 쇠고기 요리를 많이 주문했고, 직접 요리가 가능한 호텔에 머무는 경우에는 마트에서 안심, 등심을 사다가 구워 먹기도 했다.

주변 식당이나 재래시장의 식당에는 푸짐한 꼬치구이도 있었고, 양고기나 소갈비를 통째로 숯불에 굽는 등 다양한 음식들이 많이 보였다. 그런 것들은 보는 것만으로도 입에 침이 고였다.

아르헨띠나의 환율은 연중 변동이 큰 편인데, 여행자 입장에서는 단기간의 환율에만 신경쓰면 된다. 그래도 환전소마다 조금씩 차이가 있고 매일매일 변동이 있기 때문에, 여행자들 톡방에서 환율 정보를 주고받는 것도 때때로 도움이 되었다.

여행을 하면서 물가 수준을 파악하는 건 쉽지 않은데, Mambo는 와인 1 리터짜리 한 팩이 얼마인가를 기준으로 했었다. 주당들이나 좋아할 만한 기준이지만, 어쨌든 그런 면에서 보면 BA에서의 물가는 매우 싼 편이었다. 레드와인은 60 peso, 화이트와인은 53 peso였으니 (당시 환율 59 peso/USD) 한국의 막걸리보다 싸지 않은가? 간혹 비싼 와인으로 폼 잡을 필요도 있겠지만, 자유여행에서는 가성비 높은 먹거리나 호텔을 찾는 것도 여행하는 재미 중의 하나이다.

② 바릴로체(Bariloche)

BA 여행을 마치고 나서, 아르헨띠나에서 가볼만한 도시로 추천받은 곳 중에서 꼬르도바(Cordova), 멘도사(Mendoza)는 건

너뛰고, 여유있는 여행을 위해 곧바로 바릴로체로 이동했다. 원래 이름은 '산까를로스데바릴로체'(San Carlos de Bariloche)이지만 짧게 줄여서 그냥 '바릴로체'라고 불리며, '아르헨띠나의 스위스'라고 불릴 만큼 경치가 수려하고 환경이 깨끗하다. 바릴로체는 빠따고니아(Patagonia) 지방에 속해 있으며, 안데스 설산에서 눈이 녹아내린 물이 많은 호수들을 만들어 놓았다.

시내 중심지역 가까이에 있는 나우엘 우아삐(Nahuel Huapi) 호수는 물이 맑고 주변환경이 좋아서, 여행자들이 산책하러 나오거나 물가에 앉아서 석양을 감상하기도 한다.

호수 주변을 둘러본 후에는, 산 위로 올라가서 전체적인 풍광을 구경할 필요가 있다. 그런 곳 중에서 가장 조망권이 좋은 곳은 깜빠나리오 언덕(Cerro Campanario 1,049m)이다. 중심지역에서 버스를 타고 서쪽으로 20~30분 이동한 후에 리프트를 타고 산 위로 올라가면, 전체 주변 풍경이 그림처럼 눈에 들어온다.

거기에서 하늘과 구름이 어우러지고, 설산과 호수, 그리고 푸른 숲이 조화를 이루어 내는 풍경화를 360도 둘러보면, 자연이 만들어낸 아름다움에 탄성이 저절로 나온다. 이리저리 위치를 옮겨 다니며 경치를 보다가, 자연이 만든 풍경화를 내려다보며 맥주 한 잔을 하는 것도 여행 중의 즐거움이었다.

Campanario 언덕에서 보이는 풍경

바릴로체의 풍경화를 보고 난 후에는 그냥 시내로 돌아올 것이 아니다. 좀 더 서쪽으로 가면 야오야오(Llao Llao)라는 동네가 나오는데 그 곳도 참 멋진 곳이다. 크기가 손수건만 해서 그런 이름을 지었을까? 근처의 손수건 항구(Puerto Pañuelo)로 가면 유람선을 탈 수도 있고, 언덕 위 전망대로 올라가서 또 다른 풍경의 호수를 보고 유람선 구경도 할 수 있다.

다시 근처의 야오야오 호텔 쪽으로 가 보면 멋진 골프장과 호텔 주변의 풍경을 감상할 수 있다. 또한 겨울철이라면 성당언덕(Cerro Catedral)이라는 곳으로 가서 스키를 타도 좋을 것이다.

바릴로체는 풍경도 스위스 못지않게 아름답지만, 이쁜 꽃들도 많아서 우리 눈을 즐겁게 했는데, 대표적으로는 한국에서도 많

이 봤던 금영화, 라일락, 양골담초, 빈카(Vinca) 등이 있었다.

그리고 복주머니꽃, 하설초(Snow-in-Summer) 등은 처음 보는 것이라서 자꾸 눈길이 갔다. 그런데 진달래는 색깔이 청보라색이어서 한국의 진달래처럼 따뜻한 느낌이 들지는 않았다.

바릴로체에서 유명한 것 중의 하나는 초콜릿인데, 왜 그것이 그곳의 명물이 되었는지는 의문스러웠지만, 아내와 함께 여행을 하니 그냥 지나칠 수 없었다. 하여튼 어디에 뭐가 유명하다고 하면 그걸 먹어보든가 또는 경험을 해봐야 비로소 그곳에 여행했다는 인증서를 스스로에게 발급하는 기분이 드는가 보다.

바릴로체에서의 숙소는 시골 호텔이라서 그런지, 부엌이 마련되어 있어서 요리를 해 먹을 수 있었다. 그래서 까르푸(Carrefour)에서 아르헨띠나의 명물인 쇠고기를 사다가 직접 구워서 먹었는데, 그 맛있는 쇠고기가 1kg에 329 peso($5.5)였으니 얼마나 착한 가격인가? 그래서 바릴로체 여행이 더욱 즐거웠다.

(3) 칠레(Chile)

① 오소르노(Osorno)

아르헨띠나의 바릴로체에서 칠레로 가기 위해서는 비행기를 탈 수도 있지만 우리는 버스를 타고 국경을 넘었다. 왜냐하면 오소르노(Osorno)로 가는 동안에 호수, 설산 등 멋진 풍경을 많이 볼 수 있었기 때문이었다.

고갯길은 해발고도가 그리 높지 않았으나(Paso Cardenal Antonio Samoré, 1,314m), 주변의 산들은 하얀 눈을 쓰고 있었다. 바릴로체에서 오소르노까지의 거리는 250km정도 밖에 안되지만, 꼬불꼬불 산길을 달린 데다가 국경에서의 출입국 검사로 지체되기도 해서 총 6시간 정도가 걸렸다.

버스로 산을 넘어서 오소르노에 들어서자마자 붉은색의 칠레불꽃나무가 많이 보였고, 주택가와 공원을 산책해 보니 철쭉, 황철쭉, 만병초, 미나리아재비, 고사리 등이 보였다. 사람들이 잔디밭에 아무 거리낌 없이 앉거나 드러눕고, 개들도 팔자 좋게 사람들 사이 여기저기에 누워서 잠을 자는 모습을 보니, 남미의 다른 도시에서와 마찬가지로 이곳에서도 자연스럽고 평화스런 그들의 일상을 느낄 수 있었다.

오소르노에 도착하니 제일 먼저 눈에 띈 것은 칠레의 수도 산띠아고(Santiago)의 지하철 요금 때문에 발생한 반정부 시위였다. 요금을 800페소에서 단돈 30페소 인상한 것이었지만, 일반 서민들의 입장에서는 원래부터 비싼 요금이었고, 게다가 자꾸 인상을 하니 국민들의 불만이 폭발했던 것이다. 산띠아고에서 시작된 시위가 지하철과 상관없는 다른 도시로 번지고 결국 전국적인 시위가 된 것이었다.

여행지에 시위, 폭동이 있으면 안전에 문제가 있으니 처음부터 그런 곳은 피하는 게 좋다. 우리 경우는, 전체 여행 계획을 세우고 항공, 호텔 등을 예약한 후 데모 뉴스를 들었기 때문에 일정 변경 없이 그대로 진행했다. 막상 칠레를 방문하여 실제 시위 모습을 본 후, 더욱 주의를 기울이고 야간에는 밖에 나가지 않았다.

오소르노는 비록 산띠아고로 가는 비행기 시간을 맞추기 위해 하루를 지낸 작은 도시였지만 깨끗하고 조용했다. 다만, 지하철 요금 인상 때문에 촉발된 시위가 지하철도 없는 오소르노 같은 중소도시에서도 매일 진행되는 걸 보면서 칠레의 경제 문제(물가)와 국민들의 불만을 짐작할 수 있었다.

② 발빠라이소(Valparaíso)

산띠아고의 서쪽 해변에 위치한 아름다운 항구도시 발빠라이소(Valparaíso)는 칠레의 시인 빠블로 네루다(Pablo Neruda)가 살던 곳으로 유명하기도 하다. 해변을 벗어나면 언덕마을이 가파르게 보이는데, 고지대를 오르내리는 교통수단으로 케이블 철도(ferrocarril funicular)라고 불리는 승강기가 운행되고 있었다. 승강기는 총 11개인데, 그중에 가장 오래된 것은 꼰셉시온(Concepción) 언덕에 설치된 것으로서 1883년부터 운행되었다고 하니 그 역사가 대단하다. 운행되지 않는 폐 승강기의 모습도 볼 수 있었는데, 그런 것이 무려 21개나 된다고 한다. 한편, 승강기 요금은 편도 100 CLP(약 150원)이라 별 부담 없는 수준이었다.

언덕마을에 올라가면 바다를 한 눈에 볼 수 있을 뿐 아니라, 언덕 반대편의 마을도 조망할 수 있었다. 이곳은 재미있는 벽화들이 있는 거리가 유명하다. 다양한 주제와 색상, 스타일로 장식된 벽화들이 있는 거리를 걷는 것만으로도 예술적인 즐거움을 느낄 수 있으며, 그림의 주인공이 되어 사진을 찍어 보는 것 또한 발빠라이소 여행의 중요 포인트이다. 그런 역사와 풍경, 생활 모습을 가진 발빠라이소는 2003년에 유네스코 세계문화유산으로 등재되였다.

발빠라이소에도 시위대가 거리를 점령하고 있었지만, 여기저기 피어 있는 꽃들은 인간 사회의 다툼과 상관없이 그 아름다움을 뽐내고 있었고, 그중에 특히 능소화와 아까시 꽃은 한국에서 보던 것들이라서 더욱 반가웠다.

③ 비냐델마르(Viña del Mar)

비냐델마르는 발빠라이소에 속해 있는 행정구역인데, 매년 유명한 국제가요제(Festival Internacional de la Canción de Viña del Mar)가 열리는 곳이기도 하다. 유튜브에 'Viña del Mar'라는 키워드로 검색해 보면 거기에서 공연되었던 인기곡들이 많이 나온다. 또한 비냐델마르는 정원의 도시(Ciudad Jardín)라고도 불리는 것처럼, 멋진 바다를 가진 정원처럼 아름다운 도시이다.

우리는 그런 비냐델마르에 한나절 정도밖에 시간을 할애하지 않아서 많은 것을 보지는 못했다. 하지만 바다와 모래사장은 매우 아름다웠으며, 바다 근처의 풍경과 멀리 보이는 발빠라이소까지의 원경도 멋있었다.

④ 산띠아고(Santiago)

산띠아고는 수도라서 그런지 시위하는 모습이 여기저기에서 더 많이 보였고, 벽에 쓰여진 구호들도 아주 많았다. 낮에 시위하는 모습을 보니, 마치 댄스 경연을 하듯이 많은 팀들이 활기차고 역동적으로 춤을 추며 지나가고, 어떤 팀들은 깃발을 들거나 또는 냄비를 두들기면서 거리를 행진하였다.

건물에 써 놓은 구호는 각양 각색 여러 가지 내용이었는데, 주로 '살인자 삐녜라(Piñera) 대통령 물러가라', '경찰(Paco) 진정해라', 'ACAB(All Cops Are Bastards)', '은행은 도둑놈들이다' 등등 주로 대통령, 경찰, 금융기관들에 대한 불만을 표시하는 것이었다. 그중에는 대정부 시위의 핵심을 나타내는 것으로서, '30페소가 문제가 아니라 지난 30년이 문제다(No Son $30, Son 30 Años)'라고 근본적인 문제 제기를 하는 것('낙서-1')과, '헌법을 바꾸는 것 말고는 딴 방법이 없다(Nueva Constitución O Nada!)'라는 것들도 있었다. 낙서는 성당 벽('낙서-2')이건 일반 담벼락('낙서-3')이건 장소를 가리지 않았다.

한편 시내 대로변에 있는 금융기관, 호텔, 통신사, 상가 등은 대부분 문을 닫았고, 대형 유리창을 보호하기 위해서 강철판을 용접하는 공사가 한창이었다. 그러니 용접 시공업자는 한때의 호황을 누리는 셈이었고, 시위가 끝나면 건물청소 및 페인트 도장업자가 호황을 누릴 것 같은 생각이 들었다. 하지만 그런 모든 것은 국력의 낭비이며 손실이다. 여행자의 입장에서는 마치 싸움 구경하는 듯한 재미와 스릴이 있기도 했지만, 국민들은 안정된 일상생활을 하지 못하고 피곤한 나날이 계속되니 안타까운 생각도 들었다. 예전에 한국도 그런 시절이 있었고 Mambo도 그런 데모를 해 봤기 때문에 더욱 동병상련의 느낌이 들었다.

칠레의 시위는 다음과 같은 특징이 있었다.

1. 건물 벽, 창에 페인트 스프레이 구호가 가득함
2. 낮에는 거리를 행진 또는 단체 춤으로 퍼포먼스
3. 저녁에는 거리에 방화, 공공시설 훼손
4. 밤에는 간혹 건물에 방화

예전 한국에서의 독재 타도 데모는 낙서, 기물파손, 방화 같은 건 거의 안하고 시민들에게 피해가 덜 생기는 방식으로 했는데, 칠레에서는 공원 나무벤치 해체, 노변 화분 파손, 배수로 덮개 파손, 공원 동상에 낙서 등 많은 시설물들이 훼손되는 게 안타까웠다. 심지어 어린이 놀이터에도 낙서를 해 놓을 필요가 있겠는가? 그런걸 보니, 지금의 칠레 시위보다 몇 십년전 한국의 시위

수준이 더 높았다는 생각도 들었다.

대정부 시위가 어찌 되었건 다른 한편에서의 삶은 변함없이 이어져 가고 있었다. 특히 골목시장에서는 과일, 채소, 생선 등을 팔고 있었고 거리의 화가도 모퉁이에서 길바닥에 그림을 그리며 행인들의 동전을 모으고 있었다.

그런데 특이한 광경은 차로 중앙의 잔디밭에서 애정을 과시하는 커플이 있었다. 그들은 옆에서 관리인이 잔디에 물을 주고 있는데도 아랑곳하지 않았다. 불현듯, 관리인이 쥐고 있는 호스로 물을 좍악 뿌리면 좋겠다는 장난끼 섞인 생각이 들기도 했다. 그리고 공원에서 본 문신(tatuaje) 광고는 다소 선정적이어서 좀 걱정이 되기도 했지만, 잔디밭 연인들과 마찬가지로 이 나라에서는 그게 자연스런 일상이려니 하고 재미있게 생각했다.

자연스런 풍경

공원에 놀러온 사람들도 시위와 상관없이 자신들의 여유시간을 즐기고, 하늘과 구름, 호수의 놀잇배, 분수, 꽃들도 여느 때와 다름없는 평온함을 보여주었다.

공원 풍경

돌이켜 보면 산띠아고에서의 여행은 나름 유명한 곳들을 둘러보기는 했지만, 대정부 시위하는 모습과 그 흔적들을 더 많이 보았다. 그러나 그것도 사람들이 살아가는 모습의 한 단면이고, 박물관에서 몇 백년전의 유물을 보는 것보다는 더 생생한 의미를 가지고 있다고 생각했다. 그런 관점 때문에 Mambo는 유적지나 박물관에 가기보다는 현지인들의 생활현장과 살아있는 자연을 보고 느끼는 것을 더 좋아한다.

(4) 볼리비아(Bolivia)

① 라빠스(La Paz)

남미에서 대부분의 나라는 90일간의 무비자 입국이 가능하지만, 볼리비아는 유일하게 비자가 필요한 나라이므로 사전에 준비를 해야 했다. 라빠스(La Paz, 평화)는 해발고도 3,600m 정도로서 수도로서는 세계에서 가장 높은 곳에 위치한 도시이다.

라빠스 시내를 다녀보면, 행정기관이나 상업지역은 대로변 저지대에 몰려 있고, 거기에서 마치 날개를 편 것 같은 양쪽 언덕에 주택들이 다닥다닥 밀집해 있다. 그러므로 시내 교통을 보면, 저지대를 관통하는 소수의 대로에는 자동차들이 다니지만, 고지대 주택가로의 교통은 케이블카(teleférico)가 담당한다.

처음 언덕을 올려다보았을 때 뭔가 깃발처럼 팔랑거리는 것들이 있었는데, 나중에 알고 보니 케이블카였다. 시내 전체에는 10개 색깔로 이름 붙여진 노선이 있는데, 각각의 노선은 2~5개 역을 왕복하는 짧은 구간으로 구성돼 있다. 그중에서 중심가에 가까이 위치한 보라색(morado) 노선을 타고 올라가면서 보니, 언덕에 멋지게 채색된 마을이 눈길을 끌었다.

언덕 위 마을(El Alto 지역)에 내리니, 그곳의 고도는 4,000m가 넘었다. 그때는 마침 사순절이 시작되기 전의 까르나발(Carnaval=카니발) 기간이었는데, 원래 기간은 3일이지만 앞뒤로 하루씩 더 붙여서 5일 동안 진행하고 있었다. 까르나발을 하는 모습을 보면, 거리에서는 전통 복장을 하고 행진하거나, 색종이를 몸에 두르고 춤을 추기도 하고, 각종 악기를 연주하며 흥겨운 시간을 즐기고 있었다. 마을에서는 맥주를 박스째 갖다 놓고 부어라 마셔라 하는데, 재미있는 건 그들이 마시는 볼리비아 대표 맥주 브랜드가 빠세냐(Paceña)였다. 빠세나, 빠세나, 쭉쭉 빠세나!

또한 대로에서는 아이들과 젊은이들이 삼삼오오 걸어다니면서 마주오는 상대편에게 서로 비누거품 쏘는 놀이를 하고 있었다. 길에서는 비눗물 깡통을 쌓아놓고 팔고 있었고, 모두들 스프레이 한두 개씩 손에 들고 아무에게나 비누거품을 쏘고 있었다. 청소년들이 머리와 얼굴에 거품을 잔뜩 뒤집어쓰고 눈만 내놓고 다니는 게 우습기도 하고 재미있기도 했지만, 그걸 구경하다가 스프레이 세례를 받을 수도 있기 때문에 조심해야 했다.

비누거품 쏘기

그런 모습의 까르나발을 구경하다가, '달의 계곡(Valle de la Luna)'을 보기 위해 잠시 시외로 빠져나갔다. 기이한 형상으로 삐쭉삐쭉 생긴 흙기둥이나 언덕은 마치 미국의 브라이스 캐니언(Bryce Canyon)을 연상시켰다. 차이가 있다면, 브라이스 캐니

언은 흙기둥과 언덕에 붉고 흰 지층이 보이지만, 달의 계곡에서는 주변 산은 붉은데 계곡 안은 가끔 검은색이 섞인 회색이 대부분이었다.

달의 계곡(Valle de la Luna)

다시 라빠스로 돌아와서 마녀시장(Mercado de las Brujas)에 가봤다. 주로 공예품, 알빠까(alpaca) 털로 만든 스웨터, 코트, 판초 등을 팔고 있다. 그런데 놀라운 것은 야마(llama) 새끼 말린 것도 팔고 있었다. 하얀 털이 그대로 있는 새끼도 있고, 아예 털도 없는 것도 있었다. 그리고 여러 종류의 기념품과 잡화를 팔고 있으니, 물건을 사지는 않더라도 한 번쯤 구경을 가 볼만하다.

시내의 언덕 중간쯤에 있는 낄리낄리 전망대(Mirador de Killi Killi)에서는 시내 중심가와 언덕 경사지 마을이 잘 보이지만, 그건 이미 케이블카에서 본 것이기에 새로울 건 별로 없었다. 그래도 붉은 당아욱 꽃이 시내를 내려다보고 있어서, 우리도 다시 한 번 시내의 모습을 주욱 둘러보고 내려왔다.

② 우유니(Uyuni)

우유니는 광활한 소금밭을 보고 그 추억을 멋진 사진으로 남기기 위해 가는 곳이다. 소금밭을 얇게 덮은 물은 마치 거대한 거울과 같아서 환상적인 반영 사진을 찍기에 안성맞춤이다. 밤에는 그 거울 위로 쏟아져 내리는 별들과 함께 놀고, 여러 가지 재미있는 사진들도 찍는다.

우유니는 볼리비아 남쪽 고원에 있는 작은 도시(해발 3,650m)로서 라빠스에서 비행기로 1시간 정도 걸린다. 우유니 소금밭은 안데스 고산에 있는 11,000 km2 (경기도 면적) 정도의 사막인데, 바다가 융기하며 생겨났다고 한다. 비행기가 우유니에 도착할 때쯤이면 소금사막을 지나가는데 (지도의 하얀 부분), 하늘에서 실제로 내려다보는 소금밭과 거울(=호수물)도 명물이다.

우유니의 날씨는 11월에서 3월까지가 우기에 속한다. 소금밭에 물이 차는 것과 야간에 쏟아지는 별을 보려면, 우기가 끝날 무렵의 음력 그믐~초승 사이의 날짜를 택하면 좋을 것이다. 그럼에도 불구하고 밤에 비가 온다면 별 구경은 어렵겠지만, 날씨는 세상 어디서나 운이므로 미리 걱정하지 말고 현지에서 적절히 대응하는 것이 좋다. Mambo는 세상을 살아가면서, 미리 걱정하지 않고 주어지는 상황에 대해 불평하지 않으려고 한다.

볼리비아의 우유니 소금 사막 투어는 보통 다음 네 가지로 나뉘지만, 시간대와 요금이 여행사마다 조금씩 다르기도 하다. 보통 7명이 한 팀이 되어 이동하고 함께 사진을 찍기 때문에, 한국인들이 많이 이용하는 현지 여행사를 알아두는 것도 좋다(*우리는 Oasis Bolivia 이용).

	시간	투어(Tour) 내용
1	03:00~08:00	스타라이트(Star Light)+선라이즈(Sun Rise)
2	10:30~19:30	풀데이(Full Day) +선셋(Sun Set)
3	16:00~22:00	선셋(Sun Set)+스타라이트(Star Light)
4	2박 3일	사막횡단(우유니~아따까마(Atacama) 사막)

위의 모든 투어 코스를 다 해보면 좋겠지만, 시간적으로나 체력적으로 그렇게 하기가 어려우니 각자의 사정에 따라 적절히 선택하면 되겠다. 우리는 첫날에 3번 투어, 다음날에 2번 투어를 했는데, 뭘 하고 뭘 빼느냐는 현지에서의 날씨와 상황에 따라

결정되기도 한다. 또한 여름이라 할지라도 밤에는 기온이 많이 떨어져서 추워지므로 두툼한 옷도 준비되어야 한다.

첫날 투어에서는 오후 경치, 일몰 모습, 밤하늘의 별들을 보았다. 사륜구동 SUV를 타고 소금밭(Salar de Uyuni)에 도착하니 비가 와서 물에 잠긴 부분과 소금이 드러난 부분이 보였다. 소금은 새로 만들어진 결정이 뚜렷이 보였고, 물에 잠긴 부분은 그리 깊지도 않고 미리 준비된 장화를 신었기 때문에 활동하는데 아무 어려움이 없었다.

운전기사 겸 사진사가 요구하는 대로 포즈를 취하면 멋진 사진이 척척 만들어졌다. 단체 사진도 그가 미리 준비해 온 도구들을 이용하여 여러 가지 모양새로 찍었는데, 나중에 사진과 동영상을 보니 저절로 고개가 끄덕여졌다.

오후 동안에 소금밭에서 놀고 거울 위에서 사진을 찍다 보니, 어느덧 해가 서쪽 지평선이자 수평선에 걸리는가 싶더니 금방 모습을 감췄다.

이때부터 사진사는 더 바빠지기 시작했다. 각자의 휴대폰 카메라로 사진을 찍어주기도 하고, 자신이 가지고 온 카메라도 설치했다. 그리고 날이 어두워지며 별이 더 많아지기를 기다렸다.

마침내 때가 되니 별을 배경으로 단체 사진을 찍을 준비를 했다. 이때는 노출을 길게 주어야 하기 때문에, 30초 동안은 꼼짝 말라고 우리에게 주문했다. 사진사는 우리가 포즈를 취하고 있는 동안, 뒤에서 색깔있는 불빛을 돌리며 지나감으로써 재미있는 작품을 만들어 냈다.

밤이 깊어감에 따라 하늘의 별들은 더욱 선명해지고, 그 별들이 땅으로 떨어지고 물로 쏟아지는 것 같았다. 마침내, 별이 하늘에도 있고 땅에도 있고 그대 눈에도 있었다. 또한 사진사가 준비해 온 고강도 후래쉬로 하늘을 비추니, 빛이 마치 은하수를 뚫고 지나가는 듯한 환상적인 분위기가 연출되었다.

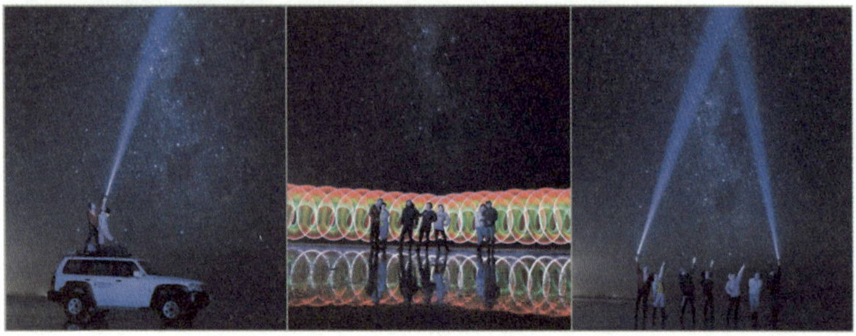

두 번째 날에는, 기차무덤(Cementerio de trenes)을 구경하고 눈동자 샘(Ojos del Salar)으로 갔는데, 양쪽 구멍에서 솟구쳐 나오는 샘물이 마치 두 눈처럼 보였다. 하얀 소금밭 가운데 소금 벽돌로 지어진 '하얀 소금밭 호텔(Hotel Sal Playa Blanca)'이 있고, 바로 옆에는 여행자들이 자기 나라 국기를 꽂아 놓은 국기광장(Plaza de las Banderas)이 있었다.

배가 출출해질 때쯤에, 운전기사가 미리 준비해 온 음식으로

먹었던 점심식사는 맛도 좋았지만, 광활한 소금밭 한가운데서의 특별한 추억이다. 소금밭에는 소금 벽돌로 만들어진 계단 조형물이 있는데, 우리는 그것을 '천국의 계단'이라 부르며 멋진 포토 포인트로 삼았다.

그리고 나서는 전날과 같이 또 사진 놀이를 시작했고, 사진사가 시키는 대로 차 위에 올라가기도 하고, '거울' 위에서 땅고(tango) 춤을 추기도 했다.

또 재미있었던 건, 미리 준비해 온 프링글 통, 장난감 공룡(dinosaurio), 빈 맥주캔 등을 소품으로 이용하여 여러 가지 사진을 찍는 것이었다.

소품들은 카메라 가까이 놓고, 사람들은 멀리에서 포즈를 취하게 해서 사진을 찍으니 영락없이 하나의 만화 같았다. 다른 사람들이 별의별 모습으로 찍은 것들이 많으니, 미리 예습하고 따라해 봐도 재미있을 것이다.

이런 놀이는 해가 붉은 빛을 남기며 수평선 아래로 떨어질 때까지 계속되었다. 그렇게 즐겁게 시간을 보내다 보니 어느덧 황혼이 다가왔다.

우유니 소금사막에서의 놀이는 예상보다 즐거운 여행이었고, 모두에게 권하고 싶은 곳이다.

/맺/음/말/

이 책을 통해 뻬루의 기본 정보, 생활 환경 및 생활 방식, 여행 경험과 풍경, 음식, 꽃과 동물, 기타 특이한 점들을 소개하였다. 그리고 남미 여행에 관심이 있는 분들을 위해 몇 나라들에 대한 여행 이야기도 보너스로 추가했다. 하고 싶은 말과 보여주고 싶은 사진이 많지만, 책을 통해서는 핵심적인 내용과 생각을 공유하는 것만으로도 충분하다고 생각한다.

인생을 살아가는 데 있어서 열심히 공부해야 할 때가 있고 성실하게 일을 해야 할 기간이 있다. 그러나 마지막까지 일만 하거나 돈만 벌다가 인생을 끝내지 않으면 좋겠다. 물론 모든 사람들이 은퇴할 나이쯤 되어서 자기가 하고 싶은 것을 선택할 수 있는 것은 아니다. 하지만 요즘 젊은이들 중에는 일찍 은퇴해서 자기가 하고 싶은 걸 하겠다는 FIRE(Financial Independence, Retire Early)족들도 많지 않은가?

그런 의미에서 많은 사람들 특히 은퇴자들이 더 넓은 세상으로 나와서, 새로운 것을 보고 느끼면서 인생 여행을 재미있고 보람있게 계속하기를 바란다. 비록 뻬루도 세상의 일부분이지만, 이 책으로부터 그런 힌트를 얻고 실행하는 계기가 되기 바란다. 더욱 풍요로운 우리 모두의 인생 여행을 위하여!